Que los evangelios prediquen el Evangelio

Christopher J. H. Wright

AF482669

Christopher J. H. Wright

QUE LOS EVANGELIOS PREDIQUEN EL EVANGELIO

SERMONES ALREDEDOR DE LA CRUZ

SERIE RECURSOS LANGHAM PREDICACIÓN

Que los evangelios prediquen el Evangelio
Sermones alrededor de la cruz
Christopher J. H. Wright

Título original en inglés: Let the Gospels Preach the Gospel
Langham Preaching Resources, Carlisle, Cumbria, United Kingdom
© 2017   Christopher J. H. Wright
© 2017   Langham Preaching Resources

© 2020   Centro de Investigaciones y Publicaciones (CENIP) – Ediciones Puma
Hecho el Depósito Legal en la Biblioteca Nacional del Perú N° 2020-07686
Primera edición, versión impresa: noviembre 2020
ISBN N° 978-612-4252-78-5

Categoría: Religión - Estudios bíblicos - Nuevo Testamento

Primera edición, versión digital: noviembre 2020
ISBN N° 978-612-4252-79-2

Editado por:
© 2020 Centro de Investigaciones y Publicaciones (CENIP) – Ediciones Puma
Av. 28 de Julio 314, Int. G, Jesús María, Lima
Apartado postal: 11-168, Lima - Perú
Telf.:   (511) 423–2772
E-mail: administracion@edicionespuma.org
               ventas@edicionespuma.org
Web: www.edicionespuma.org
Ediciones Puma es un programa del Centro de Investigaciones y Publicaciones (CENIP)

Traductor: Sara Deik
Editores: Jim Breneman y Alejandro Pimentel
Diseño de carátula en inglés: projectluz.com
Adaptación de carátula al español: Daniel Leandro Flores
Diagramación: Hansel J. Huaynate Ventocilla

Reservados todos los derechos
All rights reserved

Ninguna parte de esta publicación puede ser reproducida, almacenada o introducida en
un sistema de recuperación, o transmitida de ninguna forma, ni por ningún medio sea
electrónico, mecánico, fotocopia, grabación o cualquier otro, sin previa autorización de los
editores.
Esta traducción se publica por acuerdo con Langham Publishing.
Salvo indicación especial, las citas bíblicas se han tomado de la Nueva Versión Internacional
© 1999 por la Sociedad Bíblica Internacional.

Dedicado a
la iglesia *All Souls* (Londres)

Contenido

Prefacio

Predicar sobre la cruz de Cristo es uno de los privilegios y responsabilidades más grandes que puede tener un predicador. También es, en mi experiencia, el momento en que la predicación como tal es más gratificante y conmovedora, a veces con lágrimas y gozo a la vez. Este pequeño libro reúne sermones que prediqué en la iglesia *All Souls* en Londres, gracias a la invitación de dos rectores, primero Richard Bewes y luego Hugh Palmer. Los textos que me dieron abarcan los cuatro Evangelios, así que tuve el privilegio de ver cómo cada uno de los evangelistas cuenta, a su manera, el evangelio de la cruz y los eventos que la antecedieron, y especialmente cómo la interpretaron a través de la óptica de diferentes partes del Antiguo Testamento.

El evangelio, por supuesto, como los Evangelios que lo cuentan, estaría incompleto sin la resurrección de Cristo. El primer «sermón del evangelio» que se predicó después de la primera Pascua es explícito sobre este punto.

> «Este [Jesús de Nazaret] fue entregado según el determinado propósito y el previo conocimiento de Dios; y, por medio de gente malvada, ustedes lo mataron, clavándolo en la cruz. Sin embargo, Dios lo resucitó, librándolo de las angustias de la muerte, porque era imposible que la muerte lo mantuviera bajo su dominio…
>
> A este Jesús, Dios lo resucitó, y de ello todos nosotros somos testigos…
>
> Por tanto, sépalo bien todo Israel que, a este Jesús, a quien ustedes crucificaron, Dios lo ha hecho Señor y Mesías».
>
> *(Hch 2.23-24, 32, 36)*

La resurrección de Jesús el Mesías completó y confirmó todo lo que Dios había logrado mediante la muerte de Cristo en la cruz. Fue la prueba y vindicación de todo lo que Jesús había afirmado y enseñado. Fue la revocación divina del veredicto del tribunal que lo había condenado a muerte. Fue el inicio y la garantía de la nueva creación.

Entonces, si queremos ser fieles a la forma en que los apóstoles predicaron, no debemos predicar la cruz sin predicar la resurrección. Aunque el enfoque de cada uno de estos sermones no incluyó la resurrección, los prediqué en la temporada de la Pascua cuando los sermones de otros (acerca de la resurrección) siguieron inmediatamente a continuación en el calendario de la iglesia.

[Los capítulos que siguen presentan cada sermón como lo prediqué. Estoy agradecido a Vivian Doub por transcribir las grabaciones de estos sermones con ayuda de mis propias notas escritas a mano. En preparación para este libro, solo hice una revisión, leve pero necesaria, de las transcripciones. También agradezco a la iglesia *All Souls* por su permiso para publicar estos sermones en este formato. Uno puede escuchar el audio en inglés de estos sermones en línea y de forma gratuita a través del sitio web de *All Souls*, www.allsouls.org]

Al ofrecer este pequeño libro de sermones predicados en la iglesia de *All Souls* a los *Recursos de* Predicación Langham, estoy consciente de que estoy siguiendo muy inadecuadamente los pasos de John Stott, rector emérito de *All Souls* desde 1950 hasta su fallecimiento en el 2011, y fundador de la Sociedad Langham. Muchos de sus libros, y en especial su contribución a la serie *The Bible Speaks Today* (La Biblia habla hoy), surgieron de sus sermones predicados en esta misma iglesia. Me parece pertinente, entonces, terminar con una oración que John Stott tenía enmarcada en su propio despacho, en su hogar en Londres.

> *Cuando anuncie tu gratuita salvación*
> *permite, oh Dios, que tu infinita razón*
> *cautive mi alma y corazón.*
> *Y cuando se doblegue el corazón*
> *bajo tu Palabra en acción*
> *que tu cruz sea la única razón.*

> *(Adaptación de una oración que se halla en la sacristía de la iglesia*
> *St. Mary at the Quay, Ipswich y en la iglesia de la parroquia Hatherleigh)*

Capítulo 1

La última cena

Mateo 26.17-30[1]

Mientras comían, Jesús tomó pan y lo bendijo. Luego lo partió y se lo dio a sus discípulos, diciéndoles: —Tomen y coman; esto es mi cuerpo.

Después tomó la copa, dio gracias, y se la ofreció diciéndoles: Beban de ella todos ustedes. Esto es mi sangre del pacto, que es derramada por muchos para el perdón de pecados. Les digo que no beberé de este fruto de la vid desde ahora en adelante, hasta el día en que beba con ustedes el vino nuevo en el reino de mi Padre.

(Mt 26.26-29)

Las palabras de Jesús en este pasaje deben ser de las más preciadas y conocidas por cristianos alrededor del mundo y a lo largo de los siglos. Se trata de las palabras mediante las cuales Jesús instituyó lo que ahora llamamos la santa comunión, o la eucaristía o la cena del Señor. ¿Pero me pregunto si podríamos intentar escucharlas dentro del contexto en las que se encuentran?

Aquí, en el Evangelio de Mateo, aparecen en el centro del capítulo más largo del libro. La segunda mitad de Mateo 26 describe el arresto y juicio de Jesús. La primera mitad esta llena de tensiones que van creciendo en el transcurso de los dos días anteriores. Observen la secuencia de eventos que Mateo esboza con rapidez. Una tras otra vemos:

---

[1] Este sermón fue predicado en la iglesia *All Souls* el 2 de marzo del 2008.

- conspiración contra Jesús (26.1-5)
- unción para la sepultura (26.6-13)
- acuerdo para la traición (26.14-16)
- preparativos para la conmemoración (26.17-30)
- predicción de la negación (26.31-35)
- intensa lucha personal (26.36-46)

Así que estas palabras que Jesús comparte acerca del pan y el vino están rodeadas por *traición,* por un lado, y por *negación* por el otro. Aquí tenemos hermosas palabras en boca de Jesús, palabras que dan vida, palabras de sacrificio y de amor, palabras que hemos llegado a repetir muy a menudo y que, sin embargo, están ubicadas entre palabras de engaño que provienen de la boca de Judas y palabras de negación en boca de Pedro.

Esto es el contexto oscuro, el marco lleno de pecado, dentro del cual debemos leer estas preciosas palabras redentoras de Jesús, porque estas son, todavía, las realidades de nuestro mundo. Estos son los tipos de pecados que hicieron necesaria la muerte de Jesús. Porque conocemos la maldad de estos pecados, entendemos cuan precioso es el evento que celebramos cuando repetimos las palabras de Jesús.

Lo que quiero hacer mientras estudiamos este pasaje es, primeramente, ambientar la escena y ayudarnos a imaginar lo que estaba ocurriendo. Luego, en segundo lugar, pensar sobre el significado de ese evento mientras los discípulos lo celebraban. Luego, en tercer lugar, reflexionar sobre la importancia de las palabras que Jesús pronunció. Y finalmente, preguntarnos qué deberían significar para nosotros hoy en día.

1. Ambientando la escena

Primero que nada, entonces, unámonos a Mateo mientras prepara la escena.

> El primer día de la fiesta de los Panes sin levadura, se acercaron los discípulos a Jesús y le preguntaron:
> —¿Dónde quieres que hagamos los preparativos para que comas la Pascua?

> Él les respondió que fueran a la ciudad, a la casa de cierto hombre, y le dijeran: "El Maestro dice: 'Mi tiempo está cerca. Voy a celebrar la Pascua en tu casa con mis discípulos'". Los discípulos hicieron entonces como Jesús les había mandado, y prepararon la Pascua.
>
> *(Mt 26.17-19)*

Faltaba un día para la celebración de la Pascua, justo antes de la fiesta de los panes sin levadura que duraba toda una semana. Y era la semana más volátil en el calendario anual en Jerusalén. La ciudad siempre estaba repleta durante la Pascua. Y los romanos, las fuerzas de ocupación, estaban en alerta roja ante la posibilidad de actividad terrorista, que solía ocurrir cada Pascua. Las autoridades judías, mientras tanto, trataban de aplastar cualquier actividad que percibieran como amenaza al *statu quo*, como la que había ocurrido unos días antes cuando un profeta de Nazaret, llamado Jesús, entró en Jerusalén montado en un burro y fue acogido por la multitud que, con alegría, agitaban ramas de palma   poderosos símbolos de nacionalismo judío. Jesús era un hombre buscado. Ya había precio sobre su cabeza y estaba en peligro de ser arrestado en cualquier momento.

¿Dónde estaba Jesús en ese momento? Se encontraba pasando la semana en Betania, un pequeño pueblo a las afueras de Jerusalén, cruzando el valle y del otro lado del monte de los Olivos. Jesús estaba en la casa de sus amigos, o quizá acampaba en las laderas del monte de los Olivos, junto con otros muchos peregrinos. A medida que se acercaba la Pascua, los discípulos probablemente comenzaban a preguntarse: ¿Podremos celebrar la cena con Jesús? —porque había reglas sobre estas cosas. Uno debía de comer la cena de la Pascua dentro de los muros de Jerusalén solamente, y se debía usar un cordero que había sido sacrificado en el templo. Pero ¿cómo podrían entrar en la ciudad cuando era tan peligroso para Jesús estar en público?

Aparentemente, Jesús tenía todo esto bajo control. Sabemos por el Evangelio de Marcos que Jesús hizo arreglos de antemano. Un amigo suyo tenía una casa en Jerusalén con una habitación en el piso de arriba lo suficientemente grande como para que Jesús se reuniera con sus doce discípulos. Así que acordaron encontrarse allí. Los discípulos habrían salido rumbo a Jerusalén por la mañana para alistar todo lo necesario para que Jesús pudiera reunirse con ellos por la noche.

Mateo simplemente nos dice: «Los discípulos... prepararon la Pascua» (26.19). Esto puede sonar simple. En *All Nations Christian College*, donde yo fui director por varios años, preparábamos una cena de Pascua seguida de una Santa Cena para toda la comunidad. Recuerdo que los encargados de la comida trabajaban el día entero para alistar todo para la celebración. Lo mismo habría ocurrido con los discípulos.

Imaginen a los discípulos yendo de aquí para allá, con prisa, entre las multitudes de Jerusalén. Tenían que comprar las hierbas amargas que se necesitaban para recordar la aflicción de los hebreos en Egipto. Tenían que comprar fruta, manzanas, dátiles, granadas y nueces, que después debían moler para formar una pasta que se parecía a la arcilla con la cual los israelitas habían hecho ladrillos. Necesitaban limpiar toda la casa de cualquier resto de levadura. Y luego debían hornear pan sin levadura. Debían tener agua con sal, que representaba las lágrimas derramadas. Y debía de haber suficiente vino para las cuatro copas que se compartirían durante la celebración. Y luego, claro está, necesitaban conseguir un cordero del templo, matarlo y asarlo para la comida de la noche. Luego, después de toda esa preparación para la comida, tenían que preparar el cuarto. Toda la comida debía estar puesta en el centro de la habitación, sobre una mesa baja o sobre un mantel en el suelo. También debían acomodar en forma de u unos almohadones alrededor de la mesa. Las personas se reclinarían en el piso, con un codo apoyado sobre un almohadón, y comerían de los alimentos puestos en la mesa en el centro del cuarto.

Los discípulos habrían tenido un día agitado preparando todo eso. La Pascua era un tiempo ocupado.

2. Celebrando la cena

Pero ¿de qué se trataba? ¿Qué significaba esta comida? Bueno, era la Pascua. Era una fiesta anual para recordar y celebrar el éxodo de los israelitas de Egipto (Éx 1–15). Era la época en la cual los israelitas recordaban cómo Dios había librado a sus ancestros de la esclavitud, de la opresión que sufrieron en Egipto. Unos siglos antes, la familia de Jacob/Israel había llegado a Egipto como refugiados debido a la hambruna. Pero a medida que pasaron los años se convirtieron en una minoría étnica grande, y como ocurre usualmente con las minorías étnicas, fueron perseguidos, oprimidos y obligados a trabajar como esclavos. Pero Dios vio lo que estaba ocurriendo y actuó para rescatarlos.

a) Celebrando a Dios

En la Pascua, entonces, los israelitas celebraban a su Dios. Celebraban lo que Dios había hecho por ellos siglos atrás. Celebraban el carácter de Dios. Leamos Éxodo 2.23-25:

> Mucho tiempo después murió el rey de Egipto. Los israelitas, sin embargo, seguían lamentando su condición de esclavos y clamaban pidiendo ayuda. Sus gritos desesperados llegaron a oídos de Dios, quien al oír sus quejas se acordó del pacto que había hecho con Abraham, Isaac y Jacob. Fue así como Dios se fijó en los israelitas y los tomó en cuenta.

El Dios a quien celebraban, entonces, era el Dios de compasión, el Dios de justicia que los había librado de la tiranía, y el Dios fiel a sus promesas. Cada Pascua los israelitas celebraban el carácter y el accionar de Dios. Jesús y sus discípulos también iban a celebrar esto. Decían: «Este es el Dios a quien alabamos. Este es nuestro Dios del pacto. Este es el Dios que nos hizo su pueblo cuando nos rescató de la esclavitud».

b) Celebrando la sangre del cordero

Por supuesto que había más. La Pascua era la conmemoración de un momento muy particular de esa historia, que está registrado en Éxodo 12. En la misma noche del éxodo Dios envió la décima y última plaga sobre el Faraón y toda la población de Egipto: la muerte de sus primogénitos. Pero Dios indicó a los israelitas que se preparasen sacrificando un cordero y que luego esparciesen un poco de su sangre en los marcos de sus puertas. Cuando el ángel de Dios habría de aparecer esa noche, «pasaría de largo» los hogares y a los hijos primogénitos de los hebreos. De esta manera, la sangre del cordero sacrificado los protegería de la muerte. Cuando las familias israelitas habrían despertado a la mañana siguiente sabrían que sus primogénitos estaban vivos porque un cordero había sido sacrificado en su lugar. El sacrificio del cordero los habría librado de la muerte. Se habrían salvado de la ira de Dios por la sangre del cordero pascual.

De esto se trataba la fiesta de la Pascua que celebraban año tras año para recordar el éxodo y el cordero pascual.

c) Celebrando con esperanza para el futuro

Naturalmente, celebraban con gran *alegría*, porque era un momento de agradecimiento a Dios por su liberación. Pero también celebraban con gran *nostalgia*. A lo largo de los siglos, incluso mientras estuvieron en su propia tierra, los israelitas sentían que de alguna manera todavía estaban en cautiverio. Sentían como si el exilio aún no había terminado, como si todavía estuvieran bajo el yugo de sus opresores —como de hecho lo estaban en ese momento bajo los romanos. Sentían como si todavía estuvieran experimentando el juicio de Dios por su pecado. Y así, cada vez que celebraban la Pascua, anhelaban que Dios volviese a rescatarlos. Anhelaban un nuevo «éxodo» que les brindara libertad y perdón.

Así que la fiesta de la Pascua *recordaba el pasado*, rememorando lo que Dios había hecho en su historia, y *vislumbraba el futuro*, con esperanza y expectativa respecto a lo que Dios haría cuando realmente se convertiría en rey.

Ese es el evento, y eso es lo que Jesús y sus discípulos se preparaban para celebrar: el evento fundacional de su nación, y el futuro que sus corazones anhelaban.

3. Escuchando las palabras de Jesús

En medio de todo esto, cuando ya habían comenzado la cena, leemos varias declaraciones de Jesús. Primeramente, están sus palabras respecto a su traidor, en los versículos 20-25. Luego están las declaraciones de Jesús respecto a su cuerpo y sangre, en los versículos 26-28. En tercer lugar, y muy sorpresivamente, en el versículo 29, están sus palabras respecto al banquete que vendrá en el futuro. Pensemos en cada una de estas declaraciones por separado.

a) Palabras respecto a su traidor (26.20-25)

> Al anochecer, Jesús estaba sentado a la mesa con los doce.
> Mientras comían, les dijo:
>
> —Les aseguro que uno de ustedes me va a traicionar.
> Ellos se entristecieron mucho, y uno por uno comenzaron
> a preguntarle: —¿Acaso seré yo, Señor?
>
> El que mete la mano conmigo en el plato es el que me
> va a traicionar —respondió Jesús—. A la verdad el Hijo del
> hombre se irá, tal como está escrito de él, pero ¡ay de aquel
> que lo traiciona! Más le valdría a ese hombre no haber
> nacido.
>
> —¿Acaso seré yo, Rabí? —le dijo Judas, el que lo iba a
> traicionar.
>
> —Tú lo has dicho —le contestó Jesús.
>
> *(Mt 26.20-25)*

El tiempo ha llegado. Ahí están, reclinados alrededor de la mesa. La cena ya ha comenzado, todos están conversando entre sí, y de repente Jesús hace esta impactante declaración: «Uno de ustedes me va a traicionar. En realidad, amigos, hay un traidor entre nosotros».

¿Se pueden imaginar la sorpresa y el repentino silencio? —«¿Qué acaba de decir?». Estaban atónitos, no lo podían creer. Luego todos comenzaron a preguntarse y a protestar: «Señor, ¿no te refieres a mí? ¡No podría ser yo, Señor!».

No creo que la respuesta de Jesús en el versículo 23 fuera exactamente como la traduce la NVI: «El que mete la mano conmigo en el plato es el que me va a traicionar». Porque todos ellos hicieron lo mismo durante la cena. Así es como se acostumbraba a comer la Pascua, alrededor de la mesa comunal, todos con «las manos a la obra» por decirlo así. Lo que Jesús quiso decir es: «alguien que come con nosotros, alguien que comparte la alianza de esta sagrada cena con nosotros y mete su mano en la comida, *uno de nosotros aquí presente, uno de mis amigos*, me va a traicionar». ¡Imagínense la sorpresa!

Luego, en el versículo 24, Jesús comenta el profundo misterio de lo que está sucediendo en ese momento. Dice: «El Hijo del hombre (refiriéndose a sí mismo) se irá, tal como está escrito de él». En otras palabras, su muerte ocurrirá tal como Dios siempre lo había planeado. «Pero ¡ay de aquel que lo traiciona! Más le valdría a ese hombre no haber nacido». En otras palabras, la muerte de Jesús sucedería de acuerdo con la voluntad y el propósito de Dios, pero el que lo traicionaría cargaría su propia responsabilidad moral por lo que hizo.

Pero el siguiente versículo, el 25, nos muestra que Judas no era un títere manipulado por Dios. Judas, junto con los demás discípulos, también le dice a Jesús: «¿Acaso seré yo, Rabí?» Este es el hombre que ya tiene treinta piezas de plata escondidas en algún lugar, porque ya acordó traicionar a Jesús con las autoridades. Había un precio por la cabeza de Jesús, y Judas ya tiene ese dinero. Jesús ya ha sido «vendido», en lo que respecta a Judas. Pero aun así se demuestra audaz delante de Jesús. Y Jesús le dice: «Tú lo has dicho».

Cuando combinamos lo que escribe Mateo con lo que Juan nos dice acerca de este momento en Juan 13.21-30, creo que queda claro que esto fue parte de una conversación privada de Jesús con Judas de un lado y con Juan del otro. Me parece casi seguro que estas palabras fueron dichas en privado entre los tres. Pero ¿qué significa esto? Debemos recordar la manera en que la cena había sido dispuesta, y debemos quitarnos de la mente la famosa pintura de la Última Cena de Leonardo da Vinci.

Jesús era el anfitrión en esta cena. Estaría sentado en centro del grupo, en el medio de la configuración en 'u'. Y a un lado, a su derecha, estaba Juan. Ese era el primer lugar de honor. ¿Pero quién estaba al otro lado? Judas estaría a su izquierda. A su mano derecha, Juan; a su izquierda Judas. Derecha e izquierda, los lugares con mayor honor, a la par del anfitrión. En esos días, ese era el lugar donde uno habría querido sentarse en cualquier banquete o fiesta. Las personas se disputaban quién se sentaría a la derecha e izquierda del anfitrión.

Así que, por la conversación que Juan registra, parece que Jesús demostró su amor por Judas al darle ese puesto de honor en la última cena, ofreciéndole, incluso entonces, la oportunidad de cambiar. Jesús le estaba diciendo a Judas que sabía lo que estaba por suceder, que sabía lo que había en el corazón de Judas. Sin embargo, incluso en este punto, Judas se negó a cambiar de parecer. Rechazó el honor y la oportunidad, endureció su corazón, y salió a hacer lo que ya había decidido hacer. Casi seguro que los otros discípulos no escucharon el intercambio entre Jesús y Judas, porque habrían tratado de detenerlo. La idea de que había un traidor en medio de ellos era demasiado para asimilar, y todavía asumían lo mejor de Judas, incluso cuando se retiró para organizar la traición de su Señor (Jn 13.28-30).

b) Palabras sobre su cuerpo y sangre (26.26-28)

Después de ello, la cena continua, sin duda con muchas conversaciones confusas. Luego, en los versículos 26-28, tenemos las palabras de Jesús respecto a su cuerpo y sangre. Esto causa aun más sorpresa.

> Mientras comían, Jesús tomó pan y lo bendijo. Luego lo partió y se lo dio a sus discípulos, diciéndoles:
>
> —Tomen y coman; esto es mi cuerpo.
>
> Después tomó la copa, dio gracias, y se la ofreció diciéndoles:
>
> —Beban de ella todos ustedes. Esto es mi sangre del pacto, que es derramada por muchos para el perdón de pecados.
>
> *(Mt 26.26-28)*

i) El pan

Tenemos que entender que se trataba de una cena tradicional. La Pascua contenía toda una liturgia de palabras que debían pronunciarse y acciones que debían cumplirse. Y en un momento determinado el anfitrión partía el pan ácimo e inmediatamente pronunciaba una bendición o palabras de gratitud: «Bendito eres tú, oh Señor nuestro Dios, Rey del universo, que nos das el pan de la tierra». Eso es lo que Jesús habría dicho cuando Mateo nos dice: «Jesús tomó pan y lo bendijo». Después de esto el anfitrión normalmente habría dicho: «Este es el pan de aflicción que nuestros padres comieron». En otras palabras: este pan representa el sufrimiento durante la esclavitud en Egipto todos esos siglos atrás».

Pero Jesús parte el pan, da las gracias, y luego dice algo muy diferente e impactante: «Tomen y coman; esto es mi cuerpo» (Lucas y Pablo añaden que Jesús también dijo: «entregado por ustedes»). Esto sin ninguna duda significa que Jesús sabía que lo iban a matar. Sabía que su propio cuerpo sería entregado en sacrificio, que sería quebrado como el pan que estaba partiendo. Y les está diciendo a sus discípulos que al comer ese pan estarían compartiendo el beneficio del sacrificio de Jesús, tal como los israelitas se beneficiaron del sacrificio del cordero pascual y lo recordaban cada vez que celebraban la Pascua juntos.

Jesús les dice: «Este pan *soy yo*. Yo soy el pan partido. Yo soy la nueva Pascua. Yo soy el nuevo éxodo. Soy la liberación que anhelan. Pero sucederá porque mi cuerpo será entregado a la muerte como un sacrificio por ustedes. Por su redención, doy mi vida».

ii) La copa

La cena continua mientras ellos tratan de procesar lo ocurrido. Y entonces, probablemente cuando la cena estaba a punto de terminar,

> Después tomó la copa, dio gracias, y se la ofreció diciéndoles:
> —Beban de ella todos ustedes. Esto es mi sangre del pacto, que es derramada por muchos para el perdón de pecados.
>
> *(Mt 26.27-28)*

Había (y todavía hay) cuatro copas de vino durante la celebración de la Pascua. Representan las cuatro promesas que Dios hizo a los israelitas en Éxodo 6.6-7:

- Voy a quitarles de encima la opresión de los egipcios.
- Voy a librarlos de su esclavitud y
- Voy a liberarlos con gran despliegue de poder y con grandes actos de justicia.
- Haré de ustedes mi pueblo; y yo seré su Dios.

La tercera copa probablemente fue la que Jesús tomó en ese momento. Correspondía a la promesa «Voy a liberarlos con gran despliegue de poder y con grandes actos de justicia». Junto con esta copa normalmente recitarían la tradicional oración que se pronunciaba después de la cena. Una vez más, Jesús tomó la liturgia normal de la Pascua y primero dijo lo que se esperaba que dijera. Dio gracias diciendo: «Bendito eres tú, Señor, Dios nuestro, Rey del universo, que nos diste el fruto de la viña». Luego habría pasado la copa a sus discípulos para que tomaran de ella. Pero esta vez Jesús dice: «Esto es mi sangre del pacto, que es derramada por muchos para el perdón de pecados».

Estas palabras son muy familiares a nuestros oídos porque las hemos escuchado tan a menudo. Si somos creyentes cristianos y asistimos regularmente a la iglesia, habremos escuchado estas palabras cientos de veces. Pero traten de imaginar lo que ocurrió la primera vez, en ese cuarto de arriba, con estos hombres reclinados alrededor de esta cena pascual tan sombría. Habrían sido palabras sorprendentes y desconcertantes. Una vez más, como con el pan que se refería a su cuerpo, la palabra «sangre» sin duda señalaba una muerte violenta.

Debemos ver que en estas tres frases Jesús reúne tres referencias bíblicas. ¿Notaron las tres frases?

- mi sangre del pacto…
- derramada por muchos…
- para el perdón de pecados

Me gustaría que revisemos juntos los tres pasajes de donde provienen estas frases, porque Jesús estaba tratando de ayudar a sus discípulos (y a nosotros) a comprender la importancia de lo que iba a suceder apenas unas pocas horas más tarde. Necesitamos ver ese evento, la crucifixión, a la luz de estos tres pasajes que Jesús cita.

Primero que nada, *la sangre del pacto*. Esta frase se encuentra en Éxodo 24.1-11. ¿Por qué no detenernos y leerlo ahora mismo, especialmente los versículos 6-11? Esta es la historia de cómo, después de que los israelitas lograron salir de Egipto luego del éxodo, llegaron al monte Sinaí donde Dios hizo un pacto con ellos. Ese pacto incluyó un sacrificio. Moisés tomó la mitad de la sangre de ese sacrificio y la roció sobre el altar (representando a Dios como una de las partes del pacto). Luego tomó el libro del pacto y lo leyó a la gente, y ellos respondieron: «Haremos todo lo que el Señor ha dicho, y le obedeceremos». Entonces Moisés tomó la otra mitad de la sangre del sacrificio y la roció sobre las personas diciendo: «Esta es la sangre del pacto que [las palabras exactas que usó Jesús], con base en estas palabras, el Señor ha hecho con ustedes». Y luego Moisés, Aarón y los ancianos del pueblo subieron al monte Sinaí. Y leemos que sorprendentemente ellos vieron al Dios de Israel, y comieron y bebieron en presencia de Dios.

¿Puedes ver, en esa historia de Éxodo 24, la combinación de sacrificio, sangre, pacto y una comida en presencia de Dios? Y Jesús dice: eso es esto. Ese sacrificio del pacto había sellado con sangre la relación entre Dios y su pueblo Israel después del éxodo. Ahora, Jesús dice: «Esta es mi sangre del pacto derramada en sacrificio para sellar la relación entre tú, yo y Dios. Ustedes, los doce discípulos del Mesías, ustedes y todos los que se unirán por medio de la fe en mí, serán míos para siempre mediante los lazos de amor en el nuevo pacto, porque los he redimido y son míos. Esta es la sangre del pacto».

En segundo lugar, Jesús dice: *esta sangre del pacto es derramada por muchos*. Esa frase viene de Isaías 53, uno de los capítulos mas famosos del Antiguo Testamento. Habla sobre el siervo del Señor que Isaías dijo que vendría, sufriría y moriría, no por sus propios pecados, sino por los nuestros. Isaías 53 es donde se nos dice que el siervo del Señor fue traspasado por nuestras rebeliones, y molido por nuestras iniquidades, y el Señor hizo recaer sobre él la iniquidad de todos nosotros. Pero más tarde en el mismo capítulo, Dios dice que reivindicará y glorificará a su siervo. ¿Por qué? Leamos el versículo 12:

> [...] porque derramó su vida hasta la muerte,
>> y fue contado entre los transgresores.
> Cargó con el pecado de muchos,
>> e intercedió por los pecadores.

A eso se refiere Jesús. «esta es mi sangre... que con mi muerte derramo por *muchos*. Yo daré mi vida como el siervo obediente de Dios para que por medio de mi muerte yo cargue con el pecado de muchos, muchos otros».

Y luego, en tercer lugar, esta sangre del pacto es derramada por muchos *para el perdón de pecados*. Esta vez seguramente Jesús tiene en mente a Jeremías 31.31-34. En ese pasaje, Dios promete por medio de Jeremías que habrá un nuevo pacto. Si revisan la nota al pie de la página de la NVI en Mateo 26.28, verán que algunos de los manuscritos del Evangelio de Mateo, junto con Lucas 22.20 y 1 Corintios 11.25 (el recuento más temprano de la Última Cena), registran que Jesús dijo: «Esta es la sangre del *nuevo* pacto».

Si leen Jeremías 31.31-34 verán que es una promesa compuesta de varios ingredientes muy importantes. Pero lo principal, el clímax, es la gran promesa final que Dios hace en este nuevo pacto: «Yo les perdonaré su iniquidad y nunca más me acordaré de sus pecados». Eso es lo que los israelitas de la época de Jesús anhelaban, que Dios les perdone sus pecados, que acabe con lo que ellos percibían como un exilio y que restaure la comunión con él. Y Jesús dice: «Esto sucederá. El nuevo pacto se está cumpliendo ahora. Pero ocurrirá a partir de mi muerte, porque mi sangre será derramada para dar lugar a ese perdón».

Como pueden ver, con esta maravillosa combinación de pasajes, estas repeticiones de textos bíblicos que Jesús y sus discípulos conocían tan bien, Jesús les explica el significado de lo que iba a ocurrir antes del ocaso del sol al día siguiente. Jesús sería asesinado, su cuerpo quebrado, su sangre derramada. Pero ahora sus discípulos sabían que, según Jesús, no sería meramente un accidente o una terrible tragedia. Más bien, sería un sacrificio por el cual los beneficios del éxodo, la Pascua y el nuevo pacto llegarían a su fruición. Por medio de la sangre de Cristo, sabrían que se salvarían de la muerte y que se les daría vida; que serían redimidos de la esclavitud y el pecado; que sus pecados serían perdonados, y gozarían del nuevo pacto gracias a una relación de amor con Dios. De esto se trata el maravilloso grado de extensión respecto a lo que Jesús quiso decir cuando usó estas palabras tomadas de las Escrituras.

c) Palabras sobre el banquete venidero (26.29)

Hemos escuchado las palabras de Jesús sobre su traidor, y sobre su propio cuerpo y sangre. Pero aún no ha terminado. En el versículo 29, Jesús agrega:

> Les digo que no beberé de este fruto de la vid desde ahora
> en adelante, hasta el día en que beba con ustedes el vino
> nuevo en el reino de mi Padre.

Tradicionalmente, en la fiesta de la Pascua, como hemos visto, hay cuatro copas y la cuarta copa está vinculada a la promesa al final de Éxodo 6.7, donde Dios dice: «Haré de ustedes mi pueblo; y yo seré su Dios». Esto indica la relación íntima y personal entre Dios y su pueblo. Y en el Antiguo Testamento esto se representaba a veces como un banquete, un banquete futuro en el cual Dios festejaría con su pueblo en paz, gozo y bendición. Eso es lo que algunas Escrituras profetizaron.

Entonces, lo que parece haber sucedido en ese momento es que Jesús se negó a beber esa cuarta copa. En cambio, dijo: «No se preocupen, se cumplirá el día en que nos volvamos a reunir. Mañana me iré por causa de mi muerte. Pero llegará el día en que volveremos a estar juntos en el reino de mi Padre: un día en que el nuevo éxodo se habrá cumplido de verdad, un día en que acabará toda opresión, sufrimiento, lágrimas, muerte y dolor. ¡Anhelemos aquello!». Es lo que está por venir. Es el futuro de Dios, por causa de lo que sucedería en esos próximos tres días.

Y así, en medio de todas esas palabras difíciles que preparan a sus discípulos para su muerte sangrienta, Jesús les señala el futuro, así como la Pascua siempre señalaba el futuro, a ese día glorioso y alegre cuando se volvería encontrar con ellos en su gloria en el banquete celestial del Mesías.

Pertenezco a un pequeño grupo de lectores. Leemos todo tipo de novelas y libros, principalmente seculares, con el fin de entender nuestra cultura y buscar maneras en que podamos relacionar el evangelio con el mundo que se refleja en la literatura de hoy. Algunos de los libros que leemos son historias bastante oscuras y sombrías de asesinatos, engaños, traiciones y otros males. A menudo, cuando conversamos sobre estos libros, nos preguntamos: «¿Habrá algún momento redimible[2] de este libro? ¿Habrá alguna palabra o cierto acto o giro que presente algún grado de esperanza en esta historia? ¿Sugiere el autor algún tipo de «final feliz», aun si la historia nunca llegue a eso?».

En este momento, hacia el final de la historia del Evangelio tenemos una narración de traición, engaño, negación, deserción y rechazo. Como hemos visto, estas son las realidades oscuras y malvadas de este capítulo. Pero efectivamente, sí hay un momento redimible. Y ese momento redimible no es solo cuando Jesús habla sobre un final feliz en el banquete del reino de Dios, en el versículo 29. No, el verdadero momento redimible en esta narrativa es en realidad lo único que todos en esa habitación, incluido el propio Jesús, más temían: el hecho de

---

[2] N. del E.: En teoría literaria, se usa el concepto de «redención». Una expresión en inglés que se deriva de este concepto es *redemptive moment*, que expresa un significado no necesariamente religioso, sino que más bien comunica la idea de algo rescatable o un acto de reivindicación o un giro inesperado hacia la noción universal del bien y de la justicia. La expresión que se traduce como «momento redimible» se aproxima a la expresión en inglés según su acepción secular y quizá lo más cercano aún debería ser «momento rescatable». Pero, en el contexto de este libro y en calidad de creyentes evangélicos, debemos interpretar el «momento redimible» de la historia directamente en relación con el acto redentor de Cristo.

que, antes de que el sol se ocultara al día siguiente, su cuerpo sufriría muerte y quebranto, y su sangre sería derramada en señal de sacrificio. Esa sería la redención de toda la historia: no solo de la historia de los Evangelios, sino de toda la historia de la humanidad y de la creación misma. La cruz y la resurrección de Jesús son el momento redimible de toda la historia.

4. Viendo el significado

Entonces, ¿qué significa todo esto? Y especialmente: ¿qué significa para nosotros que participemos regularmente de la Santa Cena y que escuchemos estas palabras de Jesús una y otra vez? Porque si pertenecemos a Jesús pertenecemos al pueblo del nuevo pacto. Somos partícipes en la historia y la identidad del Israel del Antiguo Testamento, por medio de la fe en el Mesías Jesús. Somos, como Pablo dijo muy claramente a los gálatas, la descendencia espiritual de Abraham (Gá 3.7-9, 26-29). Entonces, mientras celebramos la cena del Señor o la eucaristía (o como se llame en tu propia iglesia), estamos celebrando las mismas grandes verdades que el Israel del Antiguo Testamento, solo que ahora es aún más maravilloso a la luz de la cruz y la resurrección de Jesús.

El *éxodo* fue el momento más importante en la historia del Israel del Antiguo Testamento.

- Si no hubiera sucedido, habrían permanecido en esclavitud.
- Si el cordero de la Pascua no hubiera sido sacrificado, habrían experimentado muertes y penas devastadoras.
- Si la sangre del pacto no hubiera sellado su relación con Dios, no habrían sido ningún «pueblo». No tendrían esperanza, no tendrían a Dios, como el resto del mundo.

¡Pero *sí* sucedió! Y dado que sucedió…

- Llegaron a ser libres.
- Llegaron a estar vivos y no muertos.
- Lograron saber que eran el pueblo del pacto de Dios y contaban con la presencia de Dios en medio de ellos.

Y por ello celebraban esta fiesta.

Y así es para nosotros. *La cruz* y *la resurrección* de nuestro Señor Jesucristo juntas constituyen el evento más importante, no solo en el Nuevo Testamento, sino en toda la historia del universo, el cual será también redimido y reconciliado con Dios gracias a la muerte y resurrección de Jesús.

- Si no hubiera sucedido, aún seríamos esclavos del pecado.
- Si no hubiera sucedido, aún estaríamos espiritualmente muertos.
- Si no hubiera sucedido, estaríamos separados de Dios para siempre.

¡Pero *sí* sucedió! ¡Alabado sea el Señor! Y dado que sucedió…

- Hemos sido librados de la esclavitud del pecado.
- Nosotros, los que estábamos muertos en nuestros delitos y pecados, ahora vivimos en Cristo.
- Ahora somos ciudadanos del pueblo de Dios, miembros de la familia de Dios y morada de Dios por su Espíritu (Efesios 2.19-22).

Por ello celebramos esta fiesta. Por ello celebramos la cena del Señor con corazones agradecidos y con vidas cambiadas.

Pero hay un último detalle que no debemos obviar antes de terminar. En el versículo 30 Mateo nos dice, como también lo hacen los otros Evangelios, que al final de la cena, «Después de cantar los salmos, salieron al monte de los Olivos».

¿Qué cantaban? Bueno, casi seguro que cantaban ese grupo tradicional de salmos conocidos como «el gran Hallel» que comprende los Salmos 113 al 118. Pero, por lo general, eran los últimos cuatro, Salmos 115 al 118 los que se cantaban al final de la cena de Pascua en los tiempos de Jesús —y aún hoy cuando los judíos celebran la Pascua.

No voy a leer todos esos salmos en este momento. Quizás quieran hacerlo ustedes mismos después. Lean los Salmos 115, 116, 117 y 118, e imagínense cantándolos con Jesús. Imaginen a Jesús, guiando a sus discípulos, verso por verso, juntos cantando estos salmos al terminar esa última cena. Piensen en cómo las palabras de estos salmos llenaron sus mentes mientras bajaban de la habitación secreta, mientras regresaban por las oscuras calles de Jerusalén, bajando al valle y subiendo las laderas boscosas del monte de los Olivos, hacia el jardín que se llamaba Getsemaní.

Estas fueron las palabras que estaban en la mente y la voz del mismo Jesús en sus últimas horas antes de su traición, juicio y muerte.

Jesús habría cantado el salmo 116:

> Yo amo al Señor
>> porque él escucha mi voz suplicante.
> Por cuanto él inclina a mí su oído,
>> lo invocaré toda mi vida.
>
> Los lazos de la muerte me enredaron;
>> me sorprendió la angustia del sepulcro,
>> y caí en la ansiedad y la aflicción.
> Entonces clamé al Señor:
>> "¡Te ruego, Señor, que me salves la vida!"
>
> *(Sal 116.1-4)*

¿Habrán llenado su mente estas palabras mientras oraba en agonía a su Padre en Getsemaní?

> Tú, Señor, me has librado de la muerte,
>> has enjugado mis lágrimas,
>> no me has dejado tropezar.
> Por eso andaré siempre delante del Señor
>> en esta tierra de los vivientes.
> Aunque digo: "Me encuentro muy afligido" …
>
> ¡Tan solo cumpliendo mis promesas al Señor
>> en presencia de todo su pueblo!
>
> Mucho valor tiene a los ojos del Señor
>> la muerte de sus fieles.
> Yo, Señor, soy tu siervo;
>> soy siervo tuyo, tu hijo fiel.
>
> *(Sal 116.8-10, 14-16)*

Y en el Salmo 118 Jesús habría cantado estas palabras:

> No he de morir; he de vivir
>> para proclamar las maravillas del Señor.

> El Señor me ha castigado con dureza,
>> pero no me ha entregado a la muerte.
>>> *(Sal 118.17-18)*

Pero Dios *sí* entregó a Jesús a la muerte.

Jesús se entregó a la muerte, una muerte que sería aterradora y agonizante, aunque Jesús sabía que Dios lo iba a levantar de entre los muertos.

Y en el clímax del Salmo 118, Jesús habría cantado este Salmo con sus discípulos:

> Tú eres mi Dios, *por eso te doy gracias*;
>> tú eres mi Dios, *por eso te exalto*.
>>> *(Sal 118.28)*[3]

Pero doce horas después, Jesús exclamó estas terribles palabras, con su inconfundible eco: «*Dios mío, Dios mío, ¿por qué me has abandonado?*» (Sal 22.1).

¿Por qué? Porque Jesús estaba cargando el pecado del mundo, tu pecado y el mío. Porque Dios hizo que aquel que no conoció pecado se convirtiera en pecado por nosotros. Por eso, durante esas horas en la cruz, Jesús experimentó el horror de haber sido abandonado, desamparado, rechazado por Dios, porque esa es la respuesta final y santa de Dios ante el pecado: expulsarlo de su presencia. Y Jesús fue a ese lugar de abandono para que tú y yo no necesitemos hacerlo, cuando confiamos en Cristo. Él cargó nuestro pecado, en su propio cuerpo, sobre el madero, como lo expresa Pedro.

Por esa razón, tú y yo podemos cantar las últimas palabras del Salmo 118, palabras que Jesús también cantó sabiendo lo que le esperaba al día siguiente, pero «por el gozo que le esperaba, soportó la cruz, menospreciando la vergüenza que ella significaba, y ahora está sentado a la derecha del trono de Dios» (Heb 12.2).

> Den gracias al Señor, porque él es bueno;
>> su gran amor perdura para siempre.
>>> *(Sal 118.29)*

---

[3] Para indicar énfasis, algunas palabras de las citas bíblicas están en cursiva.

Capítulo 2

La negación de Pedro

Mateo 26.69-75[4]

Uno de mis libros favoritos es *El libro de los fracasos heroicos* de Stephen Pile.[5] Su subtitulo es *El manual oficial del club de los no tan buenos de Gran Bretaña*. Esta es la introducción del libro:

> El éxito está sobrevalorado.
>
> Todos lo anhelan a pesar de las pruebas diarias que demuestran que el verdadero genio del hombre se encuentra en la dirección opuesta. La incompetencia es lo que sabemos hacer bien: es lo que nos distingue de los animales, y deberíamos aprender a venerarla…
>
> Estoy seguro de que no soy el único que no puede hacer bien las cosas y la más mínima investigación revelaría que otros tampoco pueden hacerlo…
>
> Entonces, en 1976, el «Club de los no tan buenos de Gran Bretaña» se formó, y yo, envuelto en un fracaso administrativo, era el presidente.
>
> Para afiliarse al club, uno no tenía que ser terriblemente bueno en algo (pesca, charla, tejer, cualquier cosa) y luego asistir a reuniones en las que la gente hablaba y daba demostraciones de las cosas que no podían hacer.

---

4   Este sermón fue predicado en *All Souls* el 30 de marzo del 2003.

5   *The Book of Heroic Failures*, Routledge and Kegan Paul, 1979.

> En septiembre de 1967, se escogieron a veinte miembros de
> diferentes campos de incompetencia para la cena inaugural en
> un restaurante exquisitamente inferior en Londres…

El libro pasa a describir los fracasos más espectaculares que ha podido descubrir la investigación histórica: el robo bancario más fallido, el peor servicio de autobuses, los fuegos artificiales menos exitosos, la peor representación teatral de *Macbeth*, la derrota más rápida en una guerra, y más. Es un libro brillantemente gracioso.

Pero, claro, en la vida real el fracaso no causa nada de gracia, excepto quizás cuando hacemos memoria de pequeños momentos de nuestra propia falibilidad. El fracaso puede ser trágico e incluso desesperadamente triste. Podemos pensar en matrimonios que han fracasado, o en exámenes importantes que no han sido superados. Pensamos en intentos valientes de rescate que terminaron en tragedia, o recordamos cuando una persona falló en cumplir una promesa muy importante. Incluso ya no nos sorprendemos cuando los políticos no cumplen sus promesas de campaña. El fracaso puede ser decepcionante, cruel, trágico y, lamentablemente, a veces simplemente predecible.

Aquí tenemos el fracaso de Pedro. Es tan significativo que es uno de los eventos que está registrado en los cuatro Evangelios. Los cuatro Evangelios cuentan que Jesús lo predijo y Pedro lo hizo.[6] Ahí está, justo en medio de la historia del sufrimiento y la muerte de Jesús, haciendo que esa trágica historia sea aún más dolorosa, con la traición de Judas y la negación de Pedro. La historia más grande de la redención del mundo, perforada por este momento de miserable traición humana.

El fracaso de Pedro es ciertamente trágico. Y, sin embargo, estoy seguro de que todos estaríamos de acuerdo con que es muy comprensible. Hasta podemos identificarnos con Pedro. Seguramente solo el más descarado de nosotros podría afirmar que se habría mantenido firme donde Pedro se derrumbó.

Revivamos la historia. Tomemos un tiempo para imaginarnos la escena y meternos dentro de la misma. Así es como Mateo la cuenta:

---

[6] Mt 26.31–35, 69–75; Mr 14.27–31, 68–72; Lc 22.31–34, 54–62; Jn 13.37–38; 18.15–27.

Mientras tanto, Pedro estaba sentado afuera, en el patio, y una criada se le acercó.

—Tú también estabas con Jesús de Galilea —le dijo.

Pero él lo negó delante de todos, diciendo:

—No sé de qué estás hablando.

Luego salió a la puerta, donde otra criada lo vio y dijo a los que estaban allí:

—Este estaba con Jesús de Nazaret.

Él lo volvió a negar, jurándoles:

—¡A ese hombre ni lo conozco!

Poco después se acercaron a Pedro los que estaban allí y le dijeron:

—Seguro que eres uno de ellos; se te nota por tu acento.

Y comenzó a echarse maldiciones, y les juró:

—¡A ese hombre ni lo conozco!

En ese instante cantó un gallo. Entonces Pedro se acordó de lo que Jesús había dicho: "Antes de que cante el gallo, me negarás tres veces". Y saliendo de allí, lloró amargamente.

(Mt 26.69-75)

La historia de Mateo esta llena de ironía y sorpresa. Observen las imágenes contrastantes que coloca delante de nosotros cuando situamos el incidente de Pedro en el contexto del resto de Mateo 26.

- Por un lado, está Jesús, en peligro de muerte, y sin embargo se mantiene firme ante las amenazas y ante las máximas autoridades del país. Y, por otro lado, está Pedro, que corre el riesgo de pasar vergüenza y quizá recibir una paliza, pero que cede ante el cuestionamiento de unas criadas.

- Por un lado, esta Jesús, puesto bajo juramento para hablar la verdad sobre sí mismo, y lo hace. Por otro lado, esta Pedro, que emite palabras de juicio [maldiciones] para negar la verdad acerca de sí mismo y de Jesús.

- Por un lado, esta Jesús, falsamente acusado de blasfemia (algo increíble por sí solo: ¡el hijo de Dios acusado de blasfemia!). Por otro lado, está Pedro, en realidad culpable de blasfemia ante la presencia misma de Dios. De hecho, el texto no solamente dice que falsamente hizo un juramento (tomando el nombre de Dios en vano para decir una mentira), sino que también dice que «él comenzó a maldecir, y a jurar» (Mt 26.74 RVC). Algunas traducciones dicen: «Y comenzó a echarse maldiciones», pero Mateo solo dice que comenzó a maldecir. Es perfectamente posible deducir que empezó a maldecir a Jesús, diciendo cosas como, «Juro por Dios que no conozco a ese hombre. Maldito sea». ¡Que terrible!

- Ahí esta Pedro, que cuando una *criada* lo reconoce amenazadoramente, consigue escapar maldiciendo y jurando. Pero, por otro lado, cuando *Jesús* lo mira (como lo cuenta Lucas), Pedro tan solo atina a esconderse en la oscuridad mientras el gallo todavía está cantando, y que le recuerdan las palabras de Jesús.

Así que aquí esta Pedro, el antihéroe de la historia.

- Pedro, el hombre que podía empuñar una espada en la oscuridad del huerto delante de un escuadrón de soldados unas pocas horas antes. Y, sin embargo, se desvanece ante una criada a la luz de un fuego.
- Pedro, el hombre que podía transportar por sí solo una red entera llena de peces. Y, sin embargo, se derrite de miedo ante algunas preguntas sospechosas.
- Pedro, el hombre que juró que moriría por Jesús. Y, aun así, aquí jura que ni siquiera lo conoce.
- Pedro, un hombre lleno de coraje y buenas intenciones solo un par de horas antes. Y, sin embargo, ahora está lleno de vergüenza, amargura, profunda desesperación y lágrimas desbordantes.
- Pedro, la roca, el nombre que Jesús le había dado. Ahora ahogado en su propio llanto.

Para resumir, Pedro falló. Repentinamente, sorprendentemente, rotundamente, Pedro falló.

Y en lo que respecta al Evangelio de Mateo, eso es todo. Por supuesto, sabemos más sobre Pedro después de esto gracias a los otros Evangelios, pero en cuanto al Evangelio de Mateo, Pedro nunca reaparece. Pedro es descrito por última vez en la oscuridad llorando y crujiendo los dientes. Fin de la historia (en Mateo).

Entonces, ¿Cómo respondemos, no solo a lo que esta historia cuenta sobre Pedro, sino también sobre lo que nos dice respecto a nosotros mismos? ¿Por qué Mateo cuenta esta historia? ¿Por qué todos los Evangelios registran esta historia? Creo que esta historia apunta al menos a tres cosas, de las cuales la primera es muy simple:

1. El fracaso es un hecho

a) *El fracaso es un hecho en la Biblia*

Piensen al respecto. Hagamos un recuento mental a lo largo de la Biblia. Adán y Eva fallaron, aunque vivían en un ambiente perfecto. Abraham falló: mintió acerca de su esposa y abusó de Agar. Samuel no logró que sus propios hijos se comportaran correctamente, a pesar de que comenzó su propia carrera condenando a Elí por lo mismo. Gedeón falló, aun después de su gran victoria sobre los madianitas, cuando dijo que no se convertiría en rey y luego se comportó como si lo fuera e hizo un objeto para que sea idolatrado. Moisés falló en el desierto, por lo que se lamentó mucho. David fracasó terriblemente, no solo en sus actos de adulterio y asesinato, también al no controlar a su propia familia durante el resto de su vida. Todos los reyes de Israel fallaron de una manera u otra. El pueblo de Israel en su conjunto, el pueblo del pacto de Dios, el pueblo redimido de Dios fracasó generación tras generación, a lo largo del Antiguo Testamento. El fracaso es un hilo conductor en el Antiguo Testamento.

Y el Nuevo Testamento, por todas partes, nos muestra a personas que también fallaron. Incluso aquí en esta historia, ¿por qué solo culpamos a Pedro por su negación cuando, de hecho, Mateo nos dice que todos los discípulos lo abandonaron y huyeron? Pedro, pobre hombre, fue el único (bueno, casi el único, como veremos) que permaneció en un lugar donde podía negar a Jesús. ¡La única razón por la que los otros discípulos no negaron a Jesús es porque ni siquiera estuvieron allí! Habían huido. Sin embargo, como Mateo nos dice con mucho cuidado en el versículo 35, todos habían dicho lo mismo que Pedro: «No lo rechazaremos, no lo negaremos». Pero cuando llegaron a la crisis, todos lo abandonaron a excepción de Pedro y (como veremos) uno más. Fue un fracaso colectivo.

Fijémonos que toda la Biblia, de principio a fin, es una historia del fracaso humano (con la única excepción del Señor Jesucristo). De hecho, se podría decir que el título del libro de Stephen Pile sería un buen título para la Biblia, *El libro de los fracasos heroicos*, excepto que la mayoría de los fracasos en la Biblia no fueron particularmente heroicos. Pero ciertamente, su subtítulo se ajusta a la Biblia: *El manual oficial del club de la humanidad no tan buena*, excepto que la Biblia no solo nos dice que no somos terriblemente buenos. En realidad, dice que somos radical y terriblemente defectuosos. La maldad del pecado se ha infiltrado en lo profundo de nuestra naturaleza humana. De hecho, el simple fracaso es solo uno de nuestros problemas menores. Génesis 6 nos dice que Dios vio en el ser humano que «todos sus pensamientos tendían siempre hacia el mal…» (Gn 6.5). Jeremías, probablemente por su propio y honesto autoconocimiento, observó: «Nada hay tan engañoso como el corazón. No tiene remedio. ¿Quién puede comprenderlo?» (Jer 17.9). Pablo nos dice que no hay diferencia alguna si eres un buen judío o un malvado pagano: «pues todos han pecado y están privados de la gloria de Dios» (Ro 3.22–23). Juan nos dice: «Si afirmamos que no tenemos pecado, nos engañamos a nosotros mismos y no tenemos la verdad» (1Jn 1.8).

Así que, si alguna vez te has sentido tentado a imaginarte que en realidad jamás has fallado, ¡despierta! Solo te estás engañando a ti mismo. El fracaso es un hecho. Ciertamente es un hecho en la Biblia.

b) El fracaso es un hecho en nuestra experiencia

La mayoría de nosotros tiene alguna idea de la gran historia de la iglesia cristiana. Sabemos que el evangelio se ha esparcido de país a país y de continente a continente. Tal vez hemos leído las biografías de algunos misioneros y admiramos las grandes obras que personas valientes han hecho por Dios a lo largo de los siglos. Podemos contar la gran historia de los pasados dos mil años como testimonio del éxito del evangelio por el poder, la gracia y la soberanía de Dios.

Pero visto desde otro ángulo, la historia de la iglesia es también una historia de fracasos, algunos bastante terribles. Algo así como con el Antiguo Testamento, a veces estas historias nos causan sorpresa respecto a lo que Dios a hecho *a pesar* de las debilidades y fracasos de las personas que ha usado, en vez de que nos maravillemos por los logros de esas mismas personas. A veces (no como en la Biblia) las biografías de los misioneros pasan por alto algunos de los momentos menos inspiradores, sus fracasos.

Tengo otro libro de «fracasos heroicos». En realidad, se trata de algo mucho más extenso, mucho más grueso que el pequeño libro de Stephen Pile. Se llama *Demasiado valioso para perderlo: Explorando las causas y curas del desgaste misionero*.[7] «Desgaste» es un término respetuoso que se utiliza para describir a los misioneros que regresan del campo antes de lo previsto, cualquiera que haya sido la razón. El libro investiga las razones de esa deserción y las analiza para poder abordarlas. Es el resultado de un amplio proyecto de investigación, seguido de una conferencia que se realizó en All Nations Christian College algunos años atrás, para examinar la realidad del fracaso misionero (o aparente fracaso).

¿Pero, por qué los misioneros? Son personas que, tal vez pensamos, tienen una motivación y un llamado especial, y las mejores intenciones, para servir a Dios en el campo misionero. Algunos de ellos han tenido un entrenamiento intensivo. La mayoría de ellos recibe bastante apoyo y mucha gente ora por ellos. Y, sin embargo, algunos de ellos también fracasan de una manera u otra. Algunos de ellos regresan a casa quebrantados y desilusionados. Algunos caen en relaciones pecaminosas. Algunos se enferman. Algunos simplemente se rinden. Las razones son muy variadas, y no todas son reprochables.

El fracaso es un hecho. Hay que aceptarlo.

La gran tragedia es que muchas veces no lo hacemos, o no queremos admitirlo. Y, para ser honestos, nos avergonzamos cuando otros cristianos comienzan a confesar sus fracasos, por miedo a tener que unirnos a la confesión y admitir algunos de los nuestros. Preferimos encubrir nuestra vergüenza y fingir que tenemos una «vida cristiana victoriosa», «una vida llena del Espíritu», o cualquier otra frase que esté de moda.

---

7 William Taylor, ed., *Too Valuable to Lose: Exploring the Causes and Cures of Missionary Attrition* (Pasadena, CA: William Carey Library, 1997).

A fin de cuentas, hemos leído los libros. Hemos asistido a las conferencias. Hemos pasado al frente o nos hemos caído de espaldas. Hemos estado ahí, hecho eso, hemos comprado la camiseta, todo a cuenta de ser cristianos exitosos. Después de haber hecho todo aquello, no vamos a admitir que no tenemos todo bajo control. No vamos a admitir que todavía caemos en los mismos pecados. No vamos a admitir que no queremos ser muy visibles como cristianos. No iríamos tan lejos como para decir que *negamos* a Cristo; solamente no hablamos mucho al respecto. No vamos a admitir la forma en que hablamos y pensamos cuando nadie está escuchando, o lo que vemos cuando estamos solos, o la forma en que tratamos a las personas más cercanas en nuestras propias familias.

No vamos a admitir que, para resumir, todavía fallamos. Pero sí fallamos. Y lo sabemos muy bien.

Me pesa que en algunas iglesias y comunidades cristianas parece que hay toda una cultura de fingimiento, una constante celebración de historias deslumbrantes de éxito («testimonios»), que niegan la realidad del fracaso. Pienso que puede ser pastoralmente desastroso, e incluso puede llegar a negar la verdad del evangelio. He estado en cultos de alabanza donde no hay un momento para la confesión en todo el culto, solamente una dieta de canciones y testimonios triunfalistas y prédicas sobre «el éxito», «la fe» y «la victoria».

¿Alguna vez has reflexionado sobre esa extraña paradoja que hay en algunos círculos cristianos? Pues parece que, *para convertirse* en cristiano, lo primero que tienes que hacer es admitir que has fallado. Pero por alguna razón, *una vez que te has convertido,* lo *último* que se espera de ti es admitir que has fallado. Parece que, para afiliarte a la iglesia, debes aceptar que eres un pecador, pero la única manera de mantener tu credibilidad en la iglesia es que finjas ser un éxito. ¿No crees que hay algo mal en todo ello? ¿No estamos perdiendo de vista la constante gracia que existe en nuestras vidas, no solamente al momento de convertirnos, sino a cada paso del camino que le sigue a ese momento?

Regresemos a la historia de Pedro. Creo que una de las razones por las que esta historia aparece en la Biblia (cuatro veces) es que nos obliga a admitir y aceptar la realidad del fracaso. Esto es algo muy liberador. Pedro, uno de los discípulos más destacados de Jesús, fracasó. Y así también lo hace cada cristiano en el planeta. ¡Qué alivio! Porque. fíjense, el elemento verdaderamente liberador que nos cuenta esta historia no solo es que el fracaso es un hecho, sino que el fracaso está previsto.

2. El fracaso está previsto

Uno de los puntos mas sorprendentes del relato de Mateo 26 es que tanto la traición de Judas como la negación de Pedro fueron predichas por Jesús.

Veamos el versículo 21. Jesús dice: «Les aseguro que uno de ustedes me va a traicionar» ¡Y todos estaban consternados y sorprendidos, y dijeron "¡No podría ser yo! ¿Quién yo? ¡De ninguna manera! Seguramente que no se trata de mí". Fue una enorme sorpresa, y al parecer aun a estas alturas de la historia ninguno de los otros discípulos sospechaba de Judas.

Ahora veamos el versículo 31. Jesús dice: «Esta misma noche —les dijo Jesús— todos ustedes me abandonarán». ¡Otro gran impacto! Y todos dijeron: «no, no, ¡no! ¡Claro que no lo haremos!» Especialmente Pedro, quien dijo: «Aunque todos te abandonen —declaró Pedro—, yo jamás lo haré». A lo que Jesús respondió: «Te aseguro —le contestó Jesús— que esta misma noche, antes de que cante el gallo, me negarás tres veces».

El fracaso de Judas y Pedro (y de todos los demás, por supuesto) fue previsto por Jesús. Trágicamente, esto no parece haber causado ninguna diferencia para Judas, pero en lo que respecta a Pedro, creo que probablemente es lo que lo salvó. Aun cuando salió a la oscuridad y lloró amargamente, debió haber recordado: «¡Jesús lo sabía! Jesús dijo que yo haría esto». Aquello probablemente hizo que sus lágrimas fueran todavía más amargas. Y piensen en la mirada que Jesús le dio (Lc 22.61). Pedro estaba consciente de que Jesús sabía lo que acababa de hacer, pero Jesús sabía lo que ocurriría desde un principio. De hecho, Jesús citó las Escrituras (Mt 26.31) para mostrar que incluso la negación de Pedro y la deserción de todos los discípulos eran de una manera misteriosa el cumplimiento de lo que las Escrituras habían predicho. De manera que toda esa escena estaba, en cierto sentido, todavía bajo control. En más de un sentido, Jesús estaba en control de todo.

Un himno antiguo tiene una estrofa que dice así: «Jesús conoce todas nuestras debilidades».[8] Eso no es para desanimarnos, ni es una amenaza encubierta. Es una palabra que nos ofrece consolación. Porque si Jesús *conoce*, entonces es capaz de manejar el asunto. Hay esperanza. Hay luz al final del túnel. El fracaso esta previsto. Así que nuestro fracaso ciertamente *aflige* al Señor, pero no lo sorprende, porque él sabe lo que hay dentro de nosotros. Sabe de qué somos capaces.

Me pregunto si alguna vez han reflexionado acerca de cómo el Evangelio de Juan recuenta la historia de la de la negación de Pedro. Me parece bastante sorprendente. Vayamos juntos a Juan 13. Es una narración llena de tensión emocional. Hay una dolorosa vergüenza mientras Jesús lava los pies de sus discípulos. Y luego aparece la sorpresa cuando predice que lo traicionarían. Después están las palabras misteriosas sobre cómo Jesús los va a dejar. Y finalmente, la sorpresa de Jesús que predice la negación de Pedro. Pedro protesta, pero Jesús insiste, «esta misma noche, antes de que cante el gallo, me negarás tres veces».

Recuerden que la versión original de Juan no estaba dividida por capítulos. No había encabezamientos, como en nuestras Biblias, que anuncian, por ejemplo, en Juan 14.1: *Jesús consuela a sus discípulos.* Esas separaciones fueron añadidas mucho tiempo después para poder ubicarnos en nuestras Biblias. Desafortunadamente, a veces ello hace que leamos el capítulo 14 de Juan como si no tuviera nada que ver con el capítulo anterior, el 13. Pero en el Evangelio de Juan como él originalmente lo escribió, Jesús pasó directamente de todo lo que se acaba de decir al final del capítulo 13 a decir: «No se angustien. Confíen en Dios, y confíen también en mí».

¡¿Qué?! ¿Cómo puede decir eso, después de lo que acaba de suceder?

«Uno de ustedes me va a traicionar, voy a morir por ustedes, uno de ustedes me va a negar... pero escuchen: ¡no se angustien! No se preocupen. No entren en pánico. Confíen en mí. Tal como confían en Dios, confíen en mí. Sé lo que estoy haciendo. Sé hacia dónde voy.

---

8 Cita que aparece en el himno *What a Friend We Have in Jesus,* de Joseph M. Scriven. N. del E.: Este conocido himno evangélico fue traducido al español bajo el título *Oh qué amigo nos es Cristo* y la frase de la estrofa en inglés, la cual el autor cita («Jesus knows our every weakness»), no aparece en la traducción al español.

Aun sus traiciones y negaciones no pueden destruir o desbaratar lo que estoy a punto de hacer por ustedes y por el mundo. Sé todo lo que va a ocurrir, así que no se angustien».

El fracaso esta previsto, y se puede confiar en Jesús en medio de todo esto. Y ello nos lleva a la ultima y tercera cosa que Pedro descubrió en esta historia (en realidad después de esta historia, como la cuenta Mateo, esta es la última vez que vemos a Pedro; pero los otros Evangelios nos dan un final más feliz). Pedro descubrió que no solo el fracaso es un hecho, no solo es algo previsto, pero el fracaso también recibe el perdón.

3. El fracaso recibe el perdón

Sin lugar a duda, las lagrimas de Pedro eran lagrimas de remordimiento. Pero también debieron ser lágrimas de arrepentimiento que, en última instancia, condujeron a la restauración de Pedro. ¿Como sucedió esto? Lucas y Juan nos dan la respuesta. Lucas nos cuenta la manera en que Jesús oró por la fe de Pedro, y Juan nos cuenta cómo Jesús sondeó el amor de Pedro. Estas dos cosas fueron la clave para la restauración de Pedro.

a) *Jesús oró por la fe de Pedro (Lc 22.31-32)*

Lucas escribe que, justo antes de advertir a Pedro que lo negaría tres veces, Jesús le dice: «Simón, Simón, mira que Satanás ha pedido zarandearlos a todos ustedes como si fueran trigo. Pero yo he orado por ti, para que no falle tu fe. Y tú, cuando te hayas vuelto a mí, fortalece a tus hermanos». Y esa oración de Jesús recibió respuesta.

Sí, claro, la valentía de Pedro falló. El coraje de Pedro falló. Pero de algún modo, la fe de Pedro no falló. No sé cómo, y no creo que Pedro lo supiera, pero de alguna manera y en algún lugar dentro suyo, Pedro continúo confiando en Jesús, aun en medio de esta devastadora experiencia. La fe de Pedro no fracasó, porque Jesús oró para que no sucediera. Me pregunto si, mientras Pedro se dirigía hacia la oscuridad, además de las burlas de las personas de quien huía, también escuchó el eco de las palabras de Jesús unas horas antes: «Confías en Dios. Confía también en mi… Confía en mí, Pedro. Continúa teniendo la fe que tuviste el primer día que me seguiste. Confía en mí. Confía en mí».

¿Le fallaste a Jesús?

Claro que sí. La pregunta más adecuada en realidad debería ser: ¿cuándo fue la última vez que le fallaste a Jesús? Entonces, la pregunta clave es: ¿todavía confías en él?

¿Le fallaste a Jesús otra vez?

Claro que sí. Claro que yo lo he hecho. La pregunta es: ¿sigues confiando en él?

¿Has sentido la profunda vergüenza de ese fracaso? ¿Te has sentido casi incapaz de enfrentar a Jesús en oración por eso? Por supuesto que sí. La pregunta es: ¿todavía confías en Jesús?

Después de todo, cuando decidiste confiar en Jesús, cuando elegiste depositar tu fe en él, fue cuando comenzaste tu vida como cristiano. Ya que confiaste que Jesús cargó en la cruz todos tus fracasos y pecados, ¿por qué dejar de confiar en él ahora, ante este último fracaso?

A medida que envejezco y más tiempo camino en la vida cristiana, y experimento más veces mi propio fracaso —que generalmente solo yo conozco, pero a veces comparto a otros— aprendo cada vez más la importancia de no confiar en mí mismo, sino que constantemente vuelvo a Dios para decirle: «Dios, confío en ti». Fíjate que Pedro pensó que podía confiar en sí mismo, ¿verdad? Protestó audazmente que jamás abandonaría a Jesús. ¡Que él iría a prisión! ¡Que moriría! ¿Pero negar a Jesús? ¡Jamás! Pedro confió en su propia valentía, su propia fuerza. Pero cayó de cara al suelo, devastado y deshonrado. La pregunta es: ¿Qué haces después de ello? La respuesta es: regresas a Jesús, que intercede por ti, para que tu fe sobreviva. Pedro sabía que todavía podía confiar en Jesús, incluso cuando no podía ver ni imaginar qué significaba aquello. La restauración de Pedro dependía de que su fe continuara, y ello dependía de la segura respuesta de Dios a la oración de Jesús.

b) Jesús sondeó el amor de Pedro (Jn 21.15-19)

Jesús no solo oró por la fe de Pedro, sino que, en segundo lugar, sondeó el amor de Pedro. Esto aparece en la última historia del Evangelio de Juan. Es una historia muy familiar, la conocemos bien. Jesús prepara el desayuno para sus discípulos después de su pesca, y luego de otro milagro más que involucra muchos peces. Y entonces, luego de que todos comieron, y tal vez cuando comienzan a alejarse del lago, Jesús le hace esta pregunta tres veces a Pedro, una y otra vez: «Pedro, ¿me amas?».

Prefiero pensar que esta conversación ocurrió en privado mientras caminaban, porque leemos: «Al volverse, Pedro vio que los seguía el discípulo a quien Jesús amaba…» (21.20), lo que sugiere que Jesús y Pedro estaban caminando juntos, y Juan estaba detrás de ellos, posiblemente el único que pudo escuchar la conversación entre Jesús y Pedro. Por supuesto que no puedo estar seguro de ello. También es posible que la conversación ocurriera con todos los discípulos presentes.

Pero sin importar cómo exactamente transcurrió la escena, alguna vez se han preguntado ¿por qué solamente Juan cuenta la historia de la restauración de Pedro? ¿Por qué Juan? La respuesta, estoy seguro, es porque Juan fue el único testigo del fracaso de Pedro (además de Jesús, claro).

Vayamos a Juan 18. Los soldados acaban de arrestar a Jesús en el huerto y lo están llevando, atado, rumbo a la corte judía:

> Simón Pedro y otro discípulo seguían a Jesús. Y, como el otro discípulo era conocido del sumo sacerdote, entró en el patio del sumo sacerdote con Jesús; Pedro, en cambio, tuvo que quedarse afuera, junto a la puerta. El discípulo conocido del sumo sacerdote volvió entonces a salir, habló con la portera de turno y consiguió que Pedro entrara.
>
> *(Jn 18.15-16)*

Se suele asumir que la frase «el otro discípulo» se refiere al propio Juan. Es la firma anónima de Juan para hablar de sí mismo. Lo utiliza varias veces en su Evangelio: «El discípulo a quien Jesús amaba». Así que casi seguramente fue Juan quien conocía al sumo sacerdote, quien regresó, habló con la portera para que Pedro entrara al patio donde Jesús estaba ante Anás y Caifás el sumo sacerdote.

Así que Juan estuvo allí.

Y Juan vio y escuchó ese horrible momento cuando Pedro maldijo y negó a Jesús. Juan estuvo presente cuando Pedro repudió a Jesús, una y otra vez. Juan escuchó a Pedro decir que ni siquiera conocía a Jesús, ese Jesús a quien ambos amaban; el Jesús por quien ambos habían renunciado a todo tres años atrás. «Pedro, Santiago y Juan», el grupo más íntimo de discípulos, ¿recuerdas? ¿No habían caminado, hablado y comido con Jesús? Jesús incluso visitó la casa de Pedro y sanó a su suegra. ¿No fue Pedro quien afirmó que este Jesús era el Mesías, el Hijo de Dios? ¿No habían escalado el monte de la Transfiguración junto con Jesús? ¿Y no se había agachado Jesús para lavar los pies de Pedro unas horas antes? Y ahora, aquí está Juan observando a Pedro con asombro, mientras este niega, una y otra vez, incluso haber conocido a Jesús, y lo hace en medio de juramentos, blasfemias y maldiciones, con su tosco acento galileo que lo delata cada vez que abre la boca.

¡Juan estuvo allí!

A veces me pregunto cómo volvieron a encontrarse Pedro y Juan, después de esa terrible noche. Seguramente pasaron momentos agonizantes entre ellos el sábado después de la crucifixión.

¿Será que Pedro rogó a Juan que no dijera nada a los demás discípulos? ¿Cómo podría Pedro volver a hablar sobre su amor por Jesús con Juan allí presente? Y, sin embargo, eso es exactamente lo que sucedió. Y Juan es quien nos lo cuenta.

No sucedió por iniciativa de Pedro, sino por el sondeo de Jesús, con su pregunta incisiva: «Pedro, ¿me amas? ¿Me amas más que estos? ¿Pedro, ¿me amas?», tres veces, como las tres veces que Pedro negó a Jesús. La conexión es obvia. Jesús lo sabe, Pedro lo sabe. Y Juan está escuchando.

Pero fíjense: ¿quién está haciendo la pregunta? Esto está en Juan capítulo 21. Se trata del Jesús *resucitado*. Se trata del Jesús que ya ha estado en la cruz y en la tumba. Se trata del Jesús que asumió toda la culpa de Pedro, su fracaso, desgracia, humillación y pecado. Toda la vergüenza de Pedro fue cargada por Jesús en la cruz. Y toda tu vergüenza. Y la mía también.

> *Él llevó la cruenta cruz,*
> *Para darnos vida y luz;*
> *Ya mi cuenta él pagó*
> *¡Aleluya! ¡Es mi Cristo![9]*

Y este es el Jesús que pregunta: «Entonces, Pedro, ¿me amas?»

---

[9] Cita original del himno inglés, *Man of Sorrows! What a Name*, escrito por Philip Bliss. Versión en español, *El varón de gran dolor*, trad. H.C. Ball.

Y Pedro les responde: «Señor, Señor, tú sabes. Tú sabes. Tú *sabes* que te amo. Siempre te he amado, y lo sigo haciendo. Incluso cuando te estaba negando, te amaba. Me rompió el corazón y el tuyo también. Me odié a mí mismo, pero te amaba Y te amo ahora. Te amo, Señor».

Y eso es todo lo que Jesús necesitaba escuchar esta vez. No necesitaba oír todos esos juramentos de que Pedro moriría por él (aunque eventualmente lo haría). No todas aquellas fanfarronerías: «¿Yo? No, no, yo nunca te negaría». Lo único que Jesús quería escuchar era, «Señor, tú sabes que te amo».

Y eso es todo lo que Juan necesitaba escuchar también. Porque si Jesús perdonó a Pedro, entonces él también debía hacerlo. Él podía amar a Pedro de nuevo porque ambos amaban a Jesús. Y por ello es que Juan lo escribió para nosotros también.

Así que Pedro el fracasado se convierte en Pedro el perdonado.

¿Has pasado por esta experiencia? Yo sí. Sé lo que es, después de un episodio de fracaso desastroso, estar literalmente postrado ante el Señor con lágrimas en los ojos, diciéndole, una y otra vez, «Señor, te amo, Señor, ten misericordia de mí. Señor, perdóname. Te quiero seguir sirviendo, si así lo permites. Señor perdóname. Señor restáurame», aferrado al salmo 32, y al 51. Y también sé lo que es levantarse después de aquella experiencia, profundamente arrepentido y escarmentado, pero sabiendo que mi oración ha sido escuchada, conociendo el gran alivio de haber sido perdonado y limpiado de mis pecados por la sangre de Cristo.

Bueno esa es la historia de la negación de Pedro. Es una historia impactante. Pero al final, es una historia *segura*. Es «segura» por su ubicación, en medio de la historia de la cruz. Efectivamente, el fracaso de Pedro, como el mío y el tuyo, es un *hecho* innegable. El fracaso de Pedro, como el mío y el tuyo, fue previsto por Jesús. Pero lo más importante es que el fracaso de Pedro fue perdonado, como pueden ser perdonados mis pecados y los tuyos, gracias a la sangre expiatoria, curativa y purificadora de la cruz.

Esta es la razón por la cual esta historia se encuentra en los Evangelios. Porque es una buena noticia.

Oremos.

Estoy seguro de que el Espíritu Santo de Dios por medio de su Palabra ha tocado nuestros corazones, tanto los de los oyentes como el del predicador. Y la pregunta es: ¿Qué vamos a hacer con la obra del Espíritu en nuestros corazones y en nuestra conciencia? Sabiendo que de una manera u otra hemos fallado a Jesús, en cosas pequeñas y en cosas grandes; lo hemos rechazado y le hemos fallado una y otra vez, tal vez incluso, para algunos de nosotros, de manera profunda y significativa, en cosas de las cuales estamos profundamente avergonzados en este momento. Tal vez hay lágrimas que derramar ahora por ello. No hay ningún problema por ello, estamos en un lugar seguro y estamos entre amigos. No estamos en el patio del sumo sacerdote. Nadie se esta burlando. No estamos en juicio. Estamos aquí en la presencia de Dios y el Espíritu Santo. Así que trae lo que sea que esté en tu corazón, y compártelo con el Señor. Él lo sabe de todos modos. Lo ha sabido desde un principio. Así que no lo escondas más. Y escucha la pregunta de Jesús: «¿Me amas? ¿Confías en mí?» Regresa nuevamente a la cruz y a la sangre del Señor Jesucristo por su perdón. Porque el mismo Juan quien nos dijo que, si decimos que no hemos pecado, nos estamos engañando a nosotros mismos y la verdad no está en nosotros, ese mismo Juan dice que si confesamos nuestros pecados, Dios es fiel y justo y nos perdonará y nos limpiará de toda injusticia. Esa es la promesa del evangelio. Regresa a ello y recíbelo y escucha nuevamente la Palabra de Dios sobre el perdón del propio Señor Jesús. Por su nombre. Amén.

Capítulo 3

Insultos y paraíso

Lucas 23.26-43[10]

Cuando se lo llevaban, echaron mano de un tal Simón de Cirene, que volvía del campo, y le cargaron la cruz para que la llevara detrás de Jesús. Lo seguía mucha gente del pueblo, incluso mujeres que se golpeaban el pecho, lamentándose por él. Jesús se volvió hacia ellas y les dijo:

—Hijas de Jerusalén, no lloren por mí; lloren más bien por ustedes y por sus hijos. Miren, va a llegar el tiempo en que se dirá: "¡Dichosas las estériles, que nunca dieron a luz ni amamantaron!" Entonces

"dirán a las montañas: '¡Caigan sobre nosotros!',
y a las colinas: '¡Cúbrannos!'"

Porque, si esto se hace cuando el árbol está verde, ¿qué no sucederá cuando esté seco?

También llevaban con él a otros dos, ambos criminales, para ser ejecutados. Cuando llegaron al lugar llamado la Calavera, lo crucificaron allí, junto con los criminales, uno a su derecha y otro a su izquierda.

—Padre —dijo Jesús—, perdónalos, porque no saben lo que hacen.

Mientras tanto, echaban suertes para repartirse entre sí la ropa de Jesús.

---

[10] Este sermón fue predicado en la iglesia *All Souls* el 25 de marzo del 2007.

La gente, por su parte, se quedó allí observando, y aun los gobernantes estaban burlándose de él.

—Salvó a otros —decían—; que se salve a sí mismo si es el Cristo de Dios, el Escogido.

También los soldados se acercaron para burlarse de él. Le ofrecieron vinagre y le dijeron:

—Si eres el rey de los judíos, sálvate a ti mismo.

Resulta que había sobre él un letrero, que decía: "Este es el Rey de los judíos".

Uno de los criminales allí colgados empezó a insultarlo:

—¿No eres tú el Cristo? ¡Sálvate a ti mismo y a nosotros!

Pero el otro criminal lo reprendió:

—¿Ni siquiera temor de Dios tienes, aunque sufres la misma condena? En nuestro caso, el castigo es justo, pues sufrimos lo que merecen nuestros delitos; este, en cambio, no ha hecho nada malo.

Luego dijo:

—Jesús, acuérdate de mí cuando vengas en tu reino.

—Te aseguro que hoy estarás conmigo en el paraíso —le contestó Jesús.

(Lc 23.26-43)

«Nosotros predicamos a un Cristo crucificado», dijo el apóstol Pablo. Eso suena muy simple, solo un tema del cual hablar (aunque Pablo claramente no lo dijo en un sentido literal, habló y escribió de muchas cosas, pero todas centradas en el evangelio del Cristo crucificado y resucitado). Y, sin embargo, cuando leemos la historia de la cruz aquí en el Evangelio de Lucas, encontramos una combinación increíble de lo simple y lo profundo a la vez. Estoy maravillado de la habilidad de Lucas de presentar esta fascinante historia de una manera tan simple, sin adornos, ni sensacionalismo. Y al mismo tiempo, Lucas entreteje texturas profundas de entendimiento y significado bíblico para sus lectores.

Aun con una lectura rápida de este pasaje, puedes entender el punto que Lucas quiere transmitir. A partir de estos pocos versículos en el capitulo 23 podemos resumir lo que Lucas nos dice de la siguiente manera:

> Este hombre Jesús de Nazaret fue completamente inocente; fue ejecutado de manera injusta, pero murió perdonando a sus enemigos; murió ofreciendo vida eterna al pecador arrepentido; murió para salvar incluso a los que se burlaban de él diciendo que no podía salvarse a sí mismo.

En ese resumen breve y superficial de la narrativa de Lucas está la verdad del evangelio. Pero detrás de esa simple historia, Lucas nos invita a ver significados y verdades más profundas que nos desafían y animan. Quiero que veamos, primero que nada, cuatro escenas que están llenas de las Escrituras; y después, en segundo lugar, reflexionar sobre las tres tentaciones, que están llenas de ironía; y finalmente, reflexionar sobre dos dichos que están llenos de esperanza. Así que tenemos un sermón de cuatro, tres y dos puntos, que espero nos lleven a una sola conclusión mientras nos preparamos para la Pascua.

1. Cuatro escenas llenas de las Escrituras

Primero que nada, entonces, veamos estas cuatro escenas que Lucas nos presenta, escenas que están llenas de las Escrituras. Desde cierto nivel, Lucas simplemente ofrece un informe de los eventos. Solo cuenta cuatro cosas que sucedieron durante esas terribles horas antes y durante la crucifixión de Jesús. Y, sin embargo, mientras lo hace, Lucas cita directamente algunas Escrituras del Antiguo Testamento o incluye alusiones de textos muy conocidos del Antiguo Testamento, y al hacerlo impone cierto «matiz» al significado de lo que esta describiendo.

a) Escena 1: El lamento de las mujeres (23.26-31; alusión bíblica: Os 10.8)

Jesús camina rumbo al lugar de la crucifixión. Simón carga la pesada cruz sobre la cual Jesús será crucificado, y las mujeres que lo acompañan lloran y se lamentan, hasta que Jesús se detiene para hablarles. Les dice: «No lloren por mí, lloren por ustedes mismas, que cosas mucho peores ocurrirán en esta ciudad».

Esta es la cuarta vez en el Evangelio de Lucas que Jesús explícitamente predice el asedio y la destrucción de Jerusalén, que de hecho ocurrió en el año 70 d. C., unos cuarenta años después de su muerte. Pueden leer las otras predicciones en Lucas 13.34–35; 19.41–44; y 21.20-24. Lo que Jesús quiere decir en el versículo 29 es que, cuando ocurra ese evento, estas mujeres que ahora sufren compasión por no tener hijos serán consideradas afortunadas porque no tendrán bocas adicionales que alimentar en el asedio y no tendrán que pasar por el dolor de ver a sus hijos sufrir y morir de hambre o morir de manos de los soldados enemigos.

Luego Jesús cita Oseas 10.8, texto que habla del tiempo cuando Samaria, capital del reino de Israel, fue destruida por los asirios. Aquello ocurrió en 721 a. C. y había sido predicho por Oseas y Amós. Así que Jesús toma ese texto del pasado y lo aplica al futuro. «Ocurrirá lo mismo en Jerusalén: la población deseará que las montañas caigan sobre ellos, porque preferirán estar muertos y enterrados que sufrir la invasión y la destrucción por venir».

Y luego Jesús cita un dicho proverbial en el versículo 31 sobre el árbol verde y el árbol seco. Lo más probable es que el proverbio significaba algo así: «Si tú piensas que esto es malo, algo aún más terrible esta por venir». Jesús esta diciendo: «Tal vez sea horrible presenciar lo que esta ocurriendo ahora, pero algo mucho más terrible sucederá con aquellos que rechazan al Salvador de Dios». Y efectivamente, aquel versículo que Jesús citó de Oseas 10.8 también se encuentra en Apocalipsis 6.16. Ahí aparece como el llanto de aquellos que enfrentarán la ira y el juicio de Dios en el terrible día del juicio final. Preferirán ser enterrados a enfrentar la furia de Dios, pero no podrán escapar.

Así, como pueden ver, Jesús esta diciendo, aun en el momento de su inminente muerte, que algo aún más terrible está por venir. Y aquello que es «peor» no solamente ocurrirá en un futuro cercano (la destrucción de Jerusalén en el 70 d. C.), sino en el futuro definitivo, en el mismo juicio final. En respuesta, o encontraremos refugio debajo de la cruz en la cual Jesús cargó con el juicio de Dios por nosotros, o no encontraremos refugio alguno del juicio de Dios cuando estemos delante de él en el día final.

b) Escena 2: Los soldados despiadados (23.32-34; alusión bíblica: Sal 22.18)

Lucas no se detiene en la terriblemente calculada crueldad de la crucifixión. Solamente ofrece un informe («lo crucificaron allí»), sin mencionar la sangre, el sudor, excremento y moscas, la agonía insoportable, la vergonzosa desnudez, y la deshidratación prolongada que implicaba esa muerte. Estaba escribiendo durante el Imperio Romano. La gente sabía lo que era la crucifixión. No necesitaban detalles.

Pero ¿qué se sabe de quienes la ejecutaban, los soldados romanos? La verdad es que para ellos era un día más de trabajo. Lo habrían hecho muchas veces antes. Se trataba de tres desgraciados más a los que tenían que clavar en sus cruces para que murieran. Eran indiferentes, insensibles, y no tenían ni idea de a quién estaban torturando —eso habría sido más de lo que necesitaban saber. Tal vez, habrían pensado que se trataba de terroristas. Y cuando terminaban su trabajo, simplemente se sentaban a esperar. Un hombre crucificado podría tardar varios días en morir, a menos que apresuraran el proceso rompiéndole las piernas de modo que no pudiera levantarse para continuar respirando. Para no aburrirse solían hacer apuestas. Reunieron las únicas posesiones terrenales que Jesús tenía: su ropa, que ya se le habían quitado. Eso más tarde traería algunos *siclos* en el mercado para el afortunado soldado que ganara la apuesta. Así que Lucas simplemente nos dice que «dividieron su ropa echando suertes». Pero cualquiera con «oídos para oír» se daría cuenta de que esto hace alusión al Salmo 22. Se trata del salmo que comienza con las palabras: «Dios mío, Dios mío, ¿por qué me has abandonado?» Marcos nos dice que Jesús exclamó estas palabras durante su crucifixión (Mr 15.34), y Lucas conocía el Evangelio de Marcos. Pero se trata también del salmo que termina diciendo: «¡Él hizo esto!». ¡Dios lo ha hecho! Y Juan nos dice que Jesús pronunció estas palabras en el clímax de su sufrimiento, antes de dar su último respiro: «¡Consumado es!» (Jn 19.30; consideraremos su significado en el capítulo 5).

Así que este salmo, de principio a fin, estaba ya en el pensamiento de Jesús. Estaba en su corazón, mente y labios. A continuación, solo una parte del salmo:

> Como perros de presa, me han rodeado;
> me ha cercado una banda de malvados;
> me han traspasado las manos y los pies.

> Puedo contar todos mis huesos;
>> con satisfacción perversa
>> la gente se detiene a mirarme.
> Se reparten entre ellos mis vestidos
>> y sobre mi ropa echan suertes.

(Sal 22.16-18)

Esta es la alusión que Lucas quiere que escuchemos.

Este salmo expresa sufrimiento: el tipo de sufrimiento que Jesús soportó en aquel momento. Pero también expresa confianza en Dios porque, aunque Jesús murió con agonía, no murió con desesperación. Los siguientes versículos dicen: «Pero tú, Señor, no te alejes; fuerza mía, ven pronto en mi auxilio. Libra mi alma de la espada». Y de hecho Dios haría exactamente eso; no en el sentido de que Jesús haya sido librado *de* la muerte, sino que Dios lo libró *por medio de* la muerte —una muerte muy real— por el poder de su resurrección. El salmo procede a describir cómo la victoria de Dios sería celebrada en toda la tierra y como atraería a gente de todas las naciones que vendrían a adorarlo (Sal 22.27). ¡El Salmo 22 habla tanto de un sufrimiento terrible como de un triunfo increíble!

Entonces, por medio del juego codicioso de los soldados, Lucas nos señala un texto de las Escrituras muy importante para interpretar el significado de la muerte de Cristo y el futuro al cual conduciría.

c) Escena 3: Los espectadores burlones (23.35-39; alusión bíblica: Sal 69.21)

Casi todos parecen haber estado burlándose y ridiculizando a Jesús. Revisaremos lo que le decían en un momento. Pero en cuanto los soldados se sumaron a esta burla, le agregaron un gesto. Le ofrecieron vinagre de vino a Jesús. Juan nos dice que alguien mojó una esponja y la levantó con un palo hacia la boca de Jesús luego de que dijera con voz entrecortada que tenía sed (Jn 19.28–29). Pero Lucas solo menciona el vinagre y lo pone en el contexto de la burla.

Una vez más, parece que Lucas alude a otro salmo, tratándolo como una lente por la que podemos entender lo que estaba ocurriendo. Se trata del Salmo 69. Es otro salmo escrito por alguien que estaba sufriendo injusta y cruelmente. Y en medio de ese sufrimiento, el salmista clama a Dios:

> Tú bien sabes cómo me insultan,
> > me avergüenzan y denigran;
> > sabes quiénes son mis adversarios.
> Los insultos me han destrozado el corazón;
> > para mí ya no hay remedio.
> Busqué compasión, y no la hubo;
> > busqué consuelo, y no lo hallé.
> En mi comida pusieron hiel;
> > para calmar mi sed me dieron vinagre.
>
> *(Sal 69.19-21)*

Pero si leemos el resto del salmo encontramos que el que ha sufrido tanto espera que Dios, al final, le traiga salvación, y al final del salmo incluso invoca que el cielo y la tierra alaben a Dios. Una vez más, como con la alusión del Salmo 22, Lucas quiere que comprendamos que, cuando vemos las cosas que sucedieron en torno a la muerte de Cristo, esos sucesos nos hacen recordar pasajes de las Escrituras que demuestran que no todo está perdido, que hay esperanza, que Dios todavía está en control y que aún tenemos motivos para alabarlo.

d) Escena 4: el criminal arrepentido (23.40-43; alusión bíblica: Is 53.6-9)

Los cuatro Evangelios nos dicen que otros dos hombres fueron crucificados junto a Jesús, uno a cada lado de él. Lucas dice que eran delincuentes. Mateo y Marcos usan una palabra que describía a los fanáticos políticos, los revolucionarios de aquellos días —guerrilleros que mataban romanos cada vez que podían. En nuestros días probablemente se llamarían terroristas. Esto es lo que los romanos pensaban de ellos: extremistas religiosos violentos.

Pero uno de ellos reconoce la injusticia de lo que está sucediendo, y dice algo que, a cierto nivel, expresa un hecho simple, pero a otro nivel, expresa una verdad teológica mucho más profunda de lo que podría haber entendido. El terrorista condenado dice: «En nuestro caso, el castigo es justo, pues sufrimos lo que merecen nuestros delitos; este, en cambio, no ha hecho nada malo». Lo que quiere decir es: «A nosotros nos están castigando justamente, pero *él* es inocente. Por lo que sea que esté muriendo, no es por sus propios pecados».

Estoy casi seguro de que Lucas quiere que escuchemos en las palabras del delincuente una alusión a Isaías 53. Conocemos estas palabras sobre el siervo del Señor:

> Él fue traspasado por nuestras rebeliones,
> y molido por nuestras iniquidades;
> sobre él recayó el castigo, precio de nuestra paz,
> y gracias a sus heridas fuimos sanados.
> Todos andábamos perdidos, como ovejas;
> cada uno seguía su propio camino,
> pero el Señor hizo recaer sobre él
> la iniquidad de todos nosotros [...]
> aunque nunca cometió violencia alguna,
> ni hubo engaño en su boca.
>
> (*Is 53.5-6, 9*)

En la cruz, Jesús no estaba sufriendo el castigo que *él* merecía (como los dos a la par de él), sino que estaba sufriendo por nuestro bien, cargando con nuestros pecados. Por supuesto que el delincuente que dijo lo que dijo no pudo haber entendido todo esto (aunque tal vez entendió más de lo que pensamos, en vista de su siguiente solicitud), pero Lucas sí lo entendió, y nos deja escuchar las alusiones a las Escrituras cuando registra este dialogo.

Entonces, Lucas nos ha dado cuatro escenas, cuatro cosas que ocurrieron o se dijeron mientras Jesús iba a la cruz. A cierto nivel, son simplemente lo que podríamos llamar «detalles circunstanciales», elementos que forman parte de la historia. Pero al citar o aludir a las Escrituras, Lucas nos hace darnos cuenta de lo que Pablo escribió (y sin duda Lucas escuchó esto de Pablo ya que eran compañeros cercanos): «que Cristo murió por nuestros pecados *según las Escrituras*» (1Co 15.3). Lo cual significa que la muerte de Cristo sucedió según las Escrituras del Antiguo Testamento, estuvo de acuerdo con ellas y para su cumplimiento. Y, por supuesto, Pablo a continuación dijo: «que fue sepultado, que resucitó al tercer día *según las Escrituras*» (1Co 15.4). Y, en su siguiente capítulo (Lc 24), Lucas nos mostrará explícitamente, en boca del mismo Jesús resucitado, cómo no solo la muerte sino también la resurrección de Jesús sucedió «tal como fue escrito», según las Escrituras. Las cuatro escenas de Lucas están llenas de alusiones a las Escrituras que profundizan nuestra comprensión de lo que estaba sucediendo en la cruz de Cristo.

Pasemos a examinar qué fue exactamente lo dicho en estas tres burlas que distintas personas emitieron contra Jesús.

2. Las tres últimas tentaciones llenas de ironía

Dentro de su narrativa, Lucas incorpora lo que creo que con razón se puede denominar como las tres últimas tentaciones de Cristo. No creo que sea una frase demasiado fuerte porque tres veces vemos cómo distintas personas se burlan de Jesús diciendo: «Que se salve a sí mismo… sálvate… ¡Sálvate a ti mismo y a nosotros!» (23.35–36, 39). Creo que Lucas registra estas tres instancias porque quiere que recordemos la narrativa de las tentaciones de Jesús en el desierto (Lc 4.1–13).

Esas tres tentaciones del diablo tenían una fuerza similar. Recuerden cómo el diablo le había dicho a Jesús: «Si eres el hijo de Dios… si eres el hijo de Dios». Y ahora en la cruz, la misma pregunta burlona, recelosa e injuriosa se enmarca así: «Si él es el Mesías de Dios, el Elegido…»; «Si eres el rey de los judíos…»; «¿No eres tú el Mesías?». Y claro, lo único que Jesús tenía que hacer para demostrar que él era dicho personaje, era bajarse de la cruz con una espectacular y milagrosa manifestación de su poder —tal como el diablo lo había tentado a hacer en el desierto.

Allá en el desierto, las tentaciones de Satanás habían tratado de lograr que Jesús no siguiera el camino de la obediencia como el Hijo de Dios, camino que lo llevaría al sufrimiento y la muerte. El diablo le presentó a Jesús la atracción del poder político, una demostración religiosa espectacular o un milagro para atraer a las masas hambrientas. Cualquier cosa menos ir hacia la muerte. Y esas tentaciones permanecieron durante todo su ministerio. No solo el diablo trató de desviar a Jesús de lo que había venido a hacer. Pedro lo intentó en Cesárea de Filipo. La propia familia de Jesús le instó a regresar a casa y dejar de crear problemas. Incluso Poncio Pilato quiso liberarlo. Y en su propia vulnerabilidad humana en el huerto de Getsemaní, Jesús rogó para que fuera librado del destino que le aguardaba. Pero resistió esa opción con estas palabras «pero no se cumpla mi voluntad, sino la tuya» (Lc 22.42). Incluso al final, cuando se encuentra clavado en la cruz, las tentaciones regresan con una fuerza feroz. El diablo lo intenta una vez más con una triple repetición. Si tan solo pudiera lograr que Jesús se salve a sí mismo y se baje de la cruz, toda la misión de Jesús para salvar al mundo se frustraría.

Así que el tentador habla a través de tres grupos diferentes de personas —que no tenían absolutamente nada en común. Es más, incluso algunos de ellos eran enemigos entre sí, pero ahora tienen un enemigo en común: Jesús. Todos dicen lo mismo, pero todos tienen razones diferentes y en cada caso, hay una intensa ironía entre lo que *creen* que están diciendo y lo que *realmente* está sucediendo.

a) Los dirigentes religiosos (23.35)

Primero, los gobernantes religiosos se burlan de Jesús: «Salvó a otros —decían—; que se salve a sí mismo si es el Cristo de Dios, el Escogido». Su burla es un rechazo a las afirmaciones de Jesús. «Piensa que es el Mesías, ¿verdad? Piensa que es el elegido de Dios, ¿verdad? Piensa que es el Salvador, ¿verdad?». Y se ríen de la idea, ya que observan dónde está ahora —clavado en una cruz romana— impotente para salvarse a sí mismo, y mucho menos a los demás.

Pero, por supuesto, esto es exactamente lo que Jesús era y es: el elegido de Dios, el Mesías y Salvador. La trágica ironía es que, en la misma frase que exhalan, estos dirigentes religiosos *afirman* la verdad respecto a Jesús y la *rechazan*. ¡Qué peligroso y escalofriante!

b) Los soldados romanos (23.36-38)

En segundo lugar, los soldados romanos se suman a las burlas. Sus injurias son un rechazo a la *acusación* contra Jesús: que supuestamente es el rey de los judíos. Aquellas eran las palabras escritas en un letrero clavado en su cruz, sobre su cabeza. «Pero esto es ridículo» dicen los soldados. «¿Rey de los judíos? ¡Mírate ahora! ¿Qué clase de rey eres? ¡Clavado ahí con una corona de espinas y una cruz como trono!».

Pero una vez más la ironía de la situación es que lo que dijeron y lo que estaba escrito en la cruz, era sencillamente la verdad. Jesús era y es el rey. El rey mesiánico. No solamente el rey de los judíos, sino el rey del universo. Ese letrero sobre la cabeza de Jesús, en la cruz, fue el primer escrito que se hizo sobre él. De hecho, aquel pedazo de madera que colgaba por encima de su cabeza y decía «Este es el rey de los judíos», fue lo *único* escrito sobre Jesús durante su vida terrenal (ya que todos los demás escritos que conforman el Nuevo Testamento se escribieron después de su resurrección). Irónicamente, ese letrero declaraba el cargo que los soldados rechazaron entre risas, pero que en realidad era más cierto de lo que podrían haber sabido.

c) El terrorista (23.39)

Luego, en tercer lugar, tenemos uno de los dos criminales, que también se burla de Jesús y lo insulta. Su burla es un ataque al *fracaso* de Jesús, como aquel lo percibe. Reprende y acusa a Jesús, como diciendo: «Si hubieras sido un Mesías de verdad, deberías haberte unido a nosotros. Tuviste tu oportunidad hace una semana cuando las multitudes te ovacionaban en tu entrada a Jerusalén, pero perdiste esa oportunidad y te escabulliste. ¡Pero ahora tienes una última oportunidad para probar que realmente eres el Mesías, ahora mismo! ¡Sálvate! Sálvate a ti mismo, y sálvanos a nosotros también. Así podremos bajarnos de estas cruces y luchar contra estos romanos. ¡Ja, ja! ¡sí, cómo no…!». Se burla de Jesús por no ser lo que él creía que un mesías debía ser.

Por supuesto, la ironía es que la única forma en que Jesús podría ser el Mesías que Dios había prometido, era resistiendo la tentación de salvarse y pasando por ese sufrimiento y muerte. Solo si Jesús permanecía en la cruz hasta el final, Dios podría salvar incluso a terroristas como ellos, como sucedió con uno de los dos unos momentos después.

Tres burlas, tres tentaciones, tres ironías. Y en todo esto hay también dos profundas paradojas: sorpresas inesperadas que nadie jamás anticipó.

En primer lugar, piensen en la *paradoja del poder*.

Las tres voces que se burlaron de Jesús representan tres tipos de poder humano que Jesús confrontó en la cruz.

- Tenemos el grupo de poder o el *establishment* religioso, es decir, los dirigentes religiosos. Estos conocen y se jactan de su poder en ese momento y dicen lo siguiente: «Mira, esto es lo que sucede cuando tratas de alterar el sistema y te metes con las tradiciones. Somos los guardianes de la ley de Dios. Deberías haberte quedado del lado correcto de Dios, como nosotros. Esto es lo que le sucede a personas como tú, que no siguen nuestras reglas». La religión puede ser, y sigue siendo, una forma terrible de opresión y violencia.

- En segundo lugar, tenemos el poder de la *fuerza militar*. El ejército romano era un ejército de ocupación que manifestaba su poder suprimiendo sencillamente cualquier disidencia u oposición. Lo que los soldados romanos le dicen a Jesús es: «Mira, esto es lo que le sucede a la escoria terrorista como ustedes tres. Los terminamos crucificando. No se metan con nosotros. Y si algún inocente queda en medio, le irá peor y servirá de escarmiento para el resto de los suyos». La manera en la que Roma gobernaba el mundo era aplastando a sus enemigos. Han tenido muchos imitadores a lo largo de los siglos y aún hoy en día.

- En tercer lugar, tenemos el poder de la *violencia del extremismo religioso*. Eso era lo que los dos delincuentes a cada lado de Jesús practicaban (hasta ese entonces, claro). Probablemente eran asesinos y asaltantes o quizá guerrilleros. Creían en la violencia brutal, y la practicaban. Le dicen a Jesús: «¿No lo ves? Esto es lo que ocurre cuando no aprovechas una oportunidad como la que tuviste esta semana, cuando entraste a Jerusalén y los expulsaste del templo. Nos podrías haber conducido hacia una gran sublevación contra los romanos. Podríamos haber inundado el rio Jordán con sangre pagana. Si tan solo nos hubieras dirigido como el verdadero Mesías que queríamos. Este es el único poder que los romanos respetan, el poder de la violencia y el terror». Y todavía hay aquellos que creen en este tipo de violencia despiadada para imponer sus convicciones religiosas o políticas.

Pero como ven, en medio de todas esas manifestaciones del poder humano —religioso, militar y violento (aun en derrota), ¿quién esta ejerciendo el *verdadero* poder en ese momento? La respuesta es, *el que está sin poder, en el medio*. La paradoja, la sorpresa, de esta historia es que, al *elegir* dar su vida, al rendirse a una total impotencia y debilidad, Jesús en realidad estaba *ejerciendo* el poder de Dios. En efecto, como luego dirá Pablo, fue en la cruz que Cristo triunfó sobre todos los poderes humanos y satánicos que se oponían a Dios. Su poder fue demostrado en su impotencia. La muerte de Cristo en suma debilidad resultaría ser la demostración del poder salvífico de Dios que, en última instancia, destruirá todos los poderes de violencia y maldad. ¡Que paradoja! Sin embargo, es la esencia del evangelio.

En segundo lugar, piensen en la *paradoja de la salvación*.

Las tres voces se mofaban de Jesús incitándole para que se salvara a sí mismo. La tercera voz, la del delincuente no arrepentido, decía: «¡Sálvate a ti mismo y a nosotros también!» «*¡Sálvate a ti mismo y a nosotros también!*» Pero claro, eso era precisamente lo que Jesús no podía hacer. No podía *al mismo tiempo* salvarse a sí mismo *y* a nosotros. Era uno o lo otro, pero no ambos.

Claro que Jesús pudo haberse salvado a sí mismo. No hay duda al respecto. Y Jesús lo sabía. De hecho, en el momento de su arresto, Jesús le dijo a uno de sus discípulos: «¿Crees que no puedo acudir a mi Padre, y al instante pondría a mi disposición más de doce batallones de ángeles?» (Mt 26.53). «Solo tengo que chasquear mis dedos y un batallón de seres celestiales me rescatará». Así que aun en ese momento en la cruz, mientras Jesús escuchaba esas voces burlonas que le incitaban a salvarse a sí mismo, él sabía que podía hacerlo en cualquier momento. Se podría haber librado de esa agonía. Se podría haber librado de la muerte. Se podría haber librado de los burlones y de sus torturadores. Podría haberse salvado a sí mismo... Pero si lo hubiera hecho, no nos hubiera podido salvar *a nosotros*. Porque por medio de su muerte expiatoria por nosotros, y porque llevó nuestros pecados en su propio cuerpo al madero, como lo expresó Pedro, hemos sido salvados.

Entonces, mientras los insultos resonaban en sus oídos, Jesús pudo haber detenido a sus acosadores y haberse salvado *a sí mismo*, o pudo elegir *salvarnos*. Pero no ambos. ¿Acaso no había dicho que la razón por la cual vino era «para buscar y salvar a los perdidos»? En ese caso, *sí nos iba a salvar*, no podía salvarse a sí mismo.

Entonces Jesús eligió *no salvarse* a sí mismo. Escogió morir. Escogió quedarse en la cruz por mí y por ti; por el bien de los que estaban crucificándolo; por el bien de los que también estaban siendo crucificados. «Él fue traspasado por nuestras rebeliones, y molido por nuestras iniquidades; sobre él recayó el castigo, precio de nuestra paz, y gracias a sus heridas fuimos sanados». Fíjate que, al no hacer lo que esos dos criminales querían, él pudo hacer lo que necesitaban, que era proporcionarles, por medio de su muerte, una forma de salvación, que uno de ellos tomó.

3. Dos declaraciones finales llenas de esperanza

Hemos visto estas cuatro escenas repletas de alusiones a las Escrituras. Y hemos visto esas tres últimas tentaciones, llenas de ironía y paradoja. Ahora necesitamos escuchar dos de las últimas declaraciones de Jesús en la cruz. La primera es una oración, en el versículo 34, y la otra es una promesa, en el versículo 43. Ambas son igualmente sorprendentes y las dos están llenas de esperanza. Y me parece que, a través de estas dos declaraciones, Lucas proporciona su última perspectiva para ayudarnos a enfocarnos en su más profunda percepción del significado de la cruz de Cristo.

a) La oración: «Padre, perdónalos…» (23.34)

Aun mientras lo están crucificando, Jesús ora: «perdónalos, porque no saben lo que hacen».

Esto nos sorprende, y con razón. Nos sorprende porque, bueno, ¿cómo podría *alguien* decir esto? ¿Cómo es posible que Jesús tuviera estos sentimientos y que pudiera expresar semejante oración a favor de las personas que en ese momento lo estaban torturando con tanta crueldad? ¿Quién era este hombre? ¿Y qué pensaron los soldados cuando lo escucharon pronunciar estas palabras mientras lo clavaban y lo colgaban para que muriese? Bueno, al menos uno de ellos escuchó, se dio cuenta, y llegó a su propia conclusión (Lc 23.47; compárenlo con Mr 15.39). Realmente impresionante.

Pero es aún mas sorprendente porque carece de precedentes. Fíjense que no hay nada como esto, aun en las escrituras del Antiguo Testamento que Jesús conocía tan bien. Hay algunos incidentes que apuntan hacia algo así, pero no hay nada que llegue a esto. David, por ejemplo, mostró misericordia a un hombre que lo había insultado. Pero después, justo antes de morir, le dijo a su hijo Salomón que se asegurara de vengarse de aquel hombre después de que él, David, muriera. (2S 16.5-12; 1R 2.8-9). No es muy buen ejemplo de perdón hacia un enemigo. Jeremías escribió a los exiliados diciéndoles que debían *orar* por Babilonia, sus enemigos, quienes habían destrozado su ciudad, Jerusalén. Pero ni Jeremías les dice que *perdonen* a los babilonios (Jer 29.7).

Entonces, ¿qué se supone que uno debía hacer, o qué se permitía hacer en el Antiguo Testamento cuando uno era acusado falsamente o era atacado violentamente? Primero que nada, no debía hacer esto: vengarse. Las represalias violentas estaban prohibidas. «No te vengues», dice la ley del Antiguo Testamento. «Eso se debe dejar a Dios. Él es el juez y tomará las medidas apropiadas para vengarte si es necesario.» (Lv 19.18; Dt 32.35). Entonces uno no podía vengarse, pero ciertamente podía pedir a Dios que lo haga por uno. Y a veces las personas lo hicieron. Eso es lo que encontramos en algunos de los salmos: personas que estaban siendo terriblemente perjudicadas y que clamaban a Dios para que actúe a su favor, castigue a los malhechores y reivindique al inocente. Ellos simplemente le pedían a Dios que haga lo que Dios había dicho que iba a hacer, es decir, hacer justicia castigando a los malvados (pero, por favor, que sea pronto).

- Jesús habría conocido muy bien las Escrituras del Antiguo Testamento, como el clamor de Isaías contra los malvados de Jerusalén en su época: «Señor, no los perdones» (Is 2.9).
- Jesús habría conocido el grito de Jeremías cuando estaba sufriendo persecución, palizas y amenazas de muerte. Jeremías oró «Envíales tiempos difíciles, ¡destrózalos, y vuelve a destrozarlos!» (Jer 17.18).
- Jesús habría conocido el Salmo 69 (parte del cual acabamos de leer), en donde el salmista maldice a sus enemigos y dice: «Que sean borrados del libro de la vida».
- Y Jesús habría sabido acerca de los mártires durante la revuelta de los macabeos, casi doscientos años antes de su tiempo. Ellos habían luchado en una gran rebelión contra Roma, y algunos de ellos, cuando fueron atrapados y torturados hasta la muerte, murieron pidiendo la venganza de Dios sobre sus asesinos.

Pero Jesús trasciende todo eso. Jesús, que conocía y amaba las Escrituras del Antiguo Testamento, las trasciende y ora por sus verdugos: «Padre, perdónalos». Y al hacerlo, establece una norma completamente nueva, un paradigma completamente nuevo, respecto a cómo sus seguidores deben responder a aquellos que los odian y los matan. Aquí, Jesús pone en práctica y modela exactamente lo que él mismo había enseñado a sus discípulos. Qué conmocionados debieron haber estado estos cuando Jesús dijo: «Pero a ustedes que me escuchan les digo: Amen a sus enemigos, hagan bien a quienes los odian, bendigan a quienes los maldicen, oren por quienes los maltratan» (Lc 6.27-28). Aquí Jesús hace exactamente esto. Ora por los que no solamente lo están maldiciendo y persiguiendo; son también los que están clavando sus manos y pies en tablones de madera.

Y Esteban, que fue el primer creyente en Jesús que murió por su fe, el primer mártir cristiano, siguió el ejemplo de su maestro. Lucas nos dice que, mientras lo apedreaban hasta la muerte, Esteban oraba: «¡Señor, no les tomes en cuenta este pecado!» (Hch 7.60) —lo cual quiere decir que le pedía a Dios que los perdone.

¿Será posible seguir haciendo esto hoy en día? ¿Será posible que los cristianos perdonen a sus enemigos cuando estos los atacan violentamente y los matan? Bueno, ciertamente no es posible solo con la fuerza humana. La única forma en que podemos perdonar a nuestros enemigos es si el Señor Jesucristo transforma nuestro interior y logra hacerlo por medio de nosotros. Aquí hay dos ejemplos recientes.

En febrero del 2015, los yihadistas del ISIS asesinaron a veintiún cristianos ortodoxos coptos, decapitándolos en una playa en Libia. Eran trabajadores migrantes de Egipto. La noticia conmocionó al mundo y trajo un intenso dolor a Egipto, especialmente al pueblo de donde eran muchos de estos hombres. La madre de uno de ellos, Tawadros Yousif, dijo lo siguiente sobre los asesinos de su hijo: «No les deseo maldad. Oro por ellos, para que Dios abra sus corazones y les dé su luz». De manera similar, el Obispo Angaelos de la Iglesia Ortodoxa Copta en el Reino Unido comentó: «No perdonamos el acto porque el acto es atroz. Pero sí perdonamos a los asesinos desde lo profundo de nuestros corazones. De lo contrario, llegaría a consumirnos la ira y el odio. Ello se convierte en una espiral de violencia que no tiene lugar en este mundo».

En Nochebuena del año 2012, dos jóvenes atacaron y golpearon a Alan Greaves hasta matarlo. Greaves, un organista de sesenta y ocho años, iba rumbo a la iglesia para tocar el órgano en un culto de villancicos en Londres. Su viuda, Maureen Greaves, con inmenso valor y esfuerzo dijo que perdonaba a estos dos jóvenes, mientras que aceptaba y aprobaba la justicia de su condena y prisión. Después del caso judicial dijo lo siguiente:

> Alan era un hombre impulsado por el amor y la compasión y no hubiese querido que ninguno de nosotros nos aferremos a sentimientos de odio y que no perdonemos. Así que en honor a Alan y en honor al Dios a quien ambos amamos, mi oración es que [los asesinos de mi esposo] puedan entender y experimentar el amor y la bondad del Dios que los creó a su propia imagen, y que la gran misericordia de Dios los inspire hacia un verdadero arrepentimiento.

Regresando a nuestro texto, Jesús ora: «Padre, perdónalos, *porque no saben lo que hacen*». Es cierto, realmente no sabían. Porque lo que estaban haciendo, en toda su malvada brutalidad, era cumplir a un nivel humano, el propósito y la voluntad más profunda de Dios. La cruz fue un acto descarado de injusticia y un mal monstruoso. Pero no fue un accidente. Detrás estaba la voluntad soberana de Dios para que Dios mismo, en la persona de su Hijo, cargara con todo el pecado del mundo. Como lo dijo Pedro el día de Pentecostés:

> Este fue entregado según el determinado propósito y el previo conocimiento de Dios; y, por medio de gente malvada, ustedes lo mataron, clavándolo en la cruz.
>
> *(Hch 2.23)*

La crucifixión de Jesús fue un acto perverso de parte de hombres malvados (en cierto sentido, ellos sabían perfectamente lo que estaban haciendo y eran responsables por sus actos). Pero al mismo tiempo sucedió de acuerdo con «el determinado propósito y el previo conocimiento de Dios» (y ciertamente no tenían idea de que estaban involucrados en ello). De esto se trata el misterio: el misterio de cómo la peor de las maldades pudo ser el medio por el cual Dios logró el mayor de todos los bienes, la redención del mundo. Y así, como ven, al dar muerte a Jesús en la cruz, esos hombres en realidad crearon el medio por el cual la oración de Jesús pudo ser respondida. El pecado de ellos en ese mismo momento era una pequeña parte del pecado del mundo que Jesús cargó en la cruz, para que «en su nombre se predicarán el arrepentimiento y el perdón de pecados a todas las naciones» (Lc 24.47).

- Jesús oró para que *fueran* perdonados.
- Y Jesús murió para que *pudieran ser* perdonados.

b) La promesa: «Te aseguro que hoy estarás conmigo en el paraíso» (23.43)

Uno de los dos terroristas condenados, el mismo que había protestado en contra de los insultos de su amigo en la otra cruz, de alguna manera reconoce la verdad sobre Jesús. Este Jesús de Nazaret es de verdad el Mesías de Dios. Este hombre en la cruz que está a su lado realmente es lo que dice la inscripción sobre su cabeza: «Rey de los judíos». Además, si él es el Mesías, también es el ungido de Dios que reinará sobre Israel y sobre todas las naciones. ¡El reino de Dios *sí vendrá*! ¡Y Jesús *sí será* rey!

Pero todo ello está en el futuro, ¿verdad? Ahora vamos a morir, ¿no es cierto? Esto es obvio. Entonces, el reino del Mesías solo puede suceder en la era venidera, en el día de la resurrección. Como la mayoría de los judíos de su época (excepto los saduceos), este hombre probablemente creía en el día de la resurrección. Aquel día en que todos los muertos resucitarían, los malvados a su justo castigo, y los justos para formar parte del pueblo de Dios en su nuevo reino bajo el gobierno del Mesías. La resurrección era para «el día final».

Recuerden cómo Marta, la hermana de Lázaro y María, creían en la resurrección futura de los muertos. Lázaro había muerto, pero Jesús le dijo a Marta: «Tu hermano se levantará nuevamente». Y Marta responde: «Sí, Señor, lo sé. Yo sé que resucitará en la resurrección en el día final». Suena como si ella estuviera diciendo: «Aquello está muy bien, pero es mucho tiempo para esperar. Si hubieras llegado antes, él no habría muerto». Y luego Jesús responde con estas asombrosas palabras en tiempo presente, «Yo *soy* la resurrección y la vida. El que cree en mí vivirá, aunque muera» (Jn 11.23–26). Esto es exactamente lo que está pasando en este momento entre Jesús y el criminal.

El otro hombre se vuelve hacia Jesús y le dice: «Jesús, acuérdate de mí cuando vengas en tu reino». *Acuérdate de mí*. Estas precisas palabras se han encontrado en lápidas judías de esa época. Son una oración a Dios (no solo un pedido para los familiares y amigos que seguían vivos). Lo que querían decir era: «Cuando venga el día de la resurrección, Señor Dios, cuando anuncies e inaugures tu reino, acuérdate *de mí*, Señor. No me olvides solo porque estoy en esta tumba. Acuérdate de mí y permíteme estar entre los justos en tu reino en ese día final». Esto probablemente fue lo que quiso decir el hombre en la cruz al lado de Jesús.

Y Jesús lo sorprende, como había sorprendido a Marta, respondiendo en tiempo presente: «¡Hoy!» le contesta, «Te aseguro que hoy estarás conmigo en el paraíso». Ahora, ello no significa: «Hoy irás directo al cielo». Aun para Jesús esto no era cierto. «Paraíso» no era simplemente otra palabra para «cielo». Ese nombre, en el pensamiento judío de ese entonces, se utilizaba para el lugar intermedio donde los muertos justos descansaban en paz, esperando el día de la resurrección. Jesús estaba prometiendo que este hombre condenado iba a estar entre los justos en ese día final. Estaría junto a Jesús en el reino de Dios. Así que hoy podía morir en paz, «en la esperanza segura y certera de la resurrección», sabiendo que estaba entre los justos, los salvos, aquellos que participarían en el reino del Mesías. A pesar de todos sus pecados, toda su maldad, todos los crímenes que había cometido (de los cuales acababa de confesar que era culpable), su futuro estaba a salvo. A salvo en las manos de Jesús, el Mesías Rey y Salvador, a quien acababa de reconocer.

¿Y por qué fue salvo? Porque confesó su pecado, se volvió hacia Jesús, clamó a Jesús, confió en él y su salvación fue asegurada mediante una promesa del propio Jesús (y Lucas quiere que sus lectores, incluidos ustedes y yo, sigamos ese simple ejemplo).

Él fue salvo. No se salvó de la cruz en la que estaba colgado, pero fue eternamente salvo mediante la cruz de quien estaba siendo crucificado a su lado. Él moriría en unas cuantas horas. Pero «aquel que cree en mi vivirá, incluso si muere». Y en el siguiente capítulo, Lucas nos cuenta la gloriosa historia de la resurrección de Cristo, cuando esa promesa fue sellada y garantizada por el poder de Dios que derrota la muerte, y cuando Cristo se convirtió en el primer fruto de la resurrección para todos aquellos que confían en él, incluyendo aquel criminal crucificado.

Debemos concluir.

¿Qué es lo que Lucas nos ha dado en su simple pero profunda descripción de la crucifixión? Cuatro escenas, tres tentaciones y dos declaraciones, y a partir de ellas (y en especial las últimas dos declaraciones), el significado completo de lo que celebramos en esta Pascua.

Porque, verán que:

- la respuesta a la oración de Jesús por el perdón solo fue posible mediante la muerte de Cristo.
- y el cumplimiento de la promesa de Jesús de vida eterna solo fue posible mediante la resurrección de Cristo.

Será necesario explorar el resto del Nuevo Testamento y explicar ambas verdades. Pero por el momento, lo que Lucas nos ha dicho en esta narrativa es todo lo que necesitamos saber para que estas verdades se hagan realidad en nuestras vidas hoy y para nuestro futuro eterno. Lo que Lucas nos ha mostrado es lo siguiente:

- que por medio de la muerte de Jesús en la cruz podemos lograr el perdón por el cual Jesús oró;
- y que por medio de la resurrección de Cristo podemos tener el futuro que Jesús prometió.

Asegúrense de tener ambas esta Pascua, por el amor de Dios. Amén.

Capítulo 4

De la oscuridad a la luz

Marcos 15.33–39[11]

Desde el mediodía y hasta la media tarde quedó toda la tierra en oscuridad. A las tres de la tarde Jesús gritó a voz en cuello:

—*Eloi, Eloi, ¿lama sabactani?* (que significa: «Dios mío, Dios mío, ¿por qué me has desamparado?»).

Cuando lo oyeron, algunos de los que estaban cerca dijeron:

—Escuchen, está llamando a Elías.

Un hombre corrió, empapó una esponja en vinagre, la puso en una caña y se la ofreció a Jesús para que bebiera.

—Déjenlo, a ver si viene Elías a bajarlo —dijo.

Entonces Jesús, lanzando un fuerte grito, expiró.

La cortina del santuario del templo se rasgó en dos, de arriba abajo. Y el centurión, que estaba frente a Jesús, al oír el grito y ver cómo murió, dijo:

—¡Verdaderamente este hombre era el Hijo de Dios!

(Mr 15.33-39)

Marcos nos ofrece el Evangelio más breve y veloz. De hecho, una quinta parte de su Evangelio describe la última semana de la vida de Jesús en la tierra, y que culmina en el relato de la crucifixión en el capítulo

---

11 Este sermón fue predicado en la iglesia All Souls el 5 de abril del 2009.

15. Y dentro de ese capítulo, Marcos registra quizás la más terrible de todas las cosas que Jesús dijo durante esas horas en la cruz, palabras que pronunció luego de tres horas de oscuridad: «Dios mío, Dios mío, ¿por qué me has desamparado?» (15.34).

Ese grito desolado vino de lo profundo de la oscuridad de la cruz y, sin embargo, señalaba el amanecer de la luz del evangelio para nosotros.

Así que caminemos con Marcos mientras nos presenta lo que esa terrible oscuridad significó, y luego sigamos caminando con él mientras nos conduce hacia la luz —la luz de «el evangelio de Jesucristo el Mesías, el Hijo de Dios» tal como tituló su pequeño libro.

1. Hacia la oscuridad

«Desde el mediodía y hasta la media tarde quedó toda la tierra en oscuridad» (Mr 15.33). Marcos en realidad escribió las horas del día como se contaban en ese entonces (comenzando con el amanecer). Comenzaron la crucifixión de Jesús «a la tercera hora», que equivale a las 9 de la mañana. Así que la sexta hora era el mediodía, y la novena hora equivalía a las tres de la tarde. Durante esas seis horas, Jesús estuvo colgado en la cruz. Y al mediodía, a la hora más soleada y calurosa del día, Lucas simplemente dice, «el sol se ocultó» (Lc 23.45). La oscuridad cubrió la tierra.

¿Qué significaba esa oscuridad? Sugiero cuatro posibles aspectos de ella.

a) Bajo el manto de la oscuridad

La crucifixión era, muy a propósito, la manera más insoportable y humillante de ejecutar a una persona. Fue concebida por los romanos para infligir la máxima vergüenza y burla. La vergüenza pública añadía agonía al intenso dolor físico. Era el método disuasorio más efectivo. Marcos la describe de manera muy fugaz y sencilla. Para sus primeros lectores, que vivían bajo el Imperio Romano, no necesitaba decir nada más que «lo crucificaron», porque todos sabían lo que significaba. La mayoría de gente habría presenciado una crucifixión y reaccionaba con repulsión ante tal espantoso horror. Los hombres eran crucificados totalmente desnudos, y el hecho de estar expuestos e indefensos era en sí mismo algo vergonzoso. Y además de soportar el dolor de los clavos que traspasaban y aplastaban las partes más sensibles de las muñecas y pies, las víctimas eran cubiertas en su propio excremento, sangre y sudor, y torturadas por las moscas.

Entonces comenzaban las burlas y los insultos, y seguían y seguían, a veces por días. Marcos nos dice que eso fue lo que sucedió después de que colgaron a Jesús en la cruz:

> Los que pasaban meneaban la cabeza y blasfemaban contra él.
>
> —¡Eh! Tú que destruyes el templo y en tres días lo reconstruyes —decían—, ¡baja de la cruz y sálvate a ti mismo!
>
> De la misma manera se burlaban de él los jefes de los sacerdotes junto con los maestros de la ley.
>
> —Salvó a otros —decían—, ¡pero no puede salvarse a sí mismo! Que baje ahora de la cruz ese Cristo, el rey de Israel, para que veamos y creamos. También lo insultaban los que estaban crucificados con él.
>
> *(Mr 15.29-32)*

Imaginen el ruido, los gritos, las risas, los insultos, las burlas y los gestos —un rugido estridente de burlas alrededor de Jesús, que aumentaba, decrecía y aumentaba otra vez, *durante* tres largas horas mientras el sol seguía subiendo y el día se tornaba más caluroso…

Hasta que Dios dice: «¡Basta! ¡Ya es suficiente! Si voy a esconder mi rostro de mi único Hijo, entonces ustedes, con su risa burlona y sus insultos, ya no lo verán». Y apaga la luz. Toda la escena está impregnada de una profunda y misteriosa oscuridad.

Me imagino que el ruido de las burlas probablemente desapareció y fue reemplazado por un profundo miedo, al cubrir Dios a su Hijo bajo el manto de la oscuridad.

b) Hacia la oscuridad de la creación

Lucas simplemente dice: «el sol se ocultó», y bien podría decirse así, puesto que su creador estaba muriendo. Después de todo, ¿quién era este hombre en aquella cruz del medio? Permitamos que Pablo y Juan nos lo recuerden.

Pablo nos dice:

> Él es la imagen del Dios invisible,
>> el primogénito de toda creación,
> porque por medio de él fueron creadas todas las cosas
>> en el cielo y en la tierra, visibles e invisibles,
>> sean tronos, poderes, principados o autoridades:
> todo ha sido creado
>> por medio de él y para él.
>
>> *(Col 1.15-16)*

Y Juan nos dice:

> Por medio de él todas las cosas fueron creadas;
>> sin él, nada de lo creado llegó a existir.
> En él estaba la vida,
>> y la vida era la luz de la humanidad.
>
>> *(Jn 1.3-4)*

Pero ahora, «esa luz verdadera, la que alumbra a todo ser humano», Jesús, la fuente no creada de la luz misma del sol, estaba muriendo.

Y la creación responde. La tierra tiembla. El sol deja de brillar.

Porque en la cruz, el Creador mismo estaba soportando el precio de la reconciliación de su creación. Y la creación misma, por así decirlo, se pone de luto y se cubre con la oscuridad de la aflicción cósmica.

c) Hacia la oscuridad del juicio

La oscuridad era un potente símbolo para aquellos que conocían las Escrituras, es decir todos los que se encontraban alrededor de la cruz (excepto los soldados romanos). A veces, en los Evangelios, los números son simbólicos, y señalan algo importante del Antiguo Testamento. Por ejemplo, Jesús eligió doce discípulos, el número de las tribus de Israel. Sus cuarenta días en el desierto sin duda aluden a los cuarenta años que Israel pasó allí, siendo probados por medio del hambre (Dt 8.2–5). Y las tres horas de oscuridad rememoran los tres días de oscuridad de la novena plaga en Egipto, la última antes de la plaga final (la muerte de los primogénitos).

> El Señor le dijo a Moisés: «Levanta los brazos al cielo, para
> que todo Egipto se cubra de tinieblas, ¡tinieblas tan densas
> que se puedan palpar!» Moisés levantó los brazos al cielo,
> y durante tres días todo Egipto quedó envuelto en densas
> tinieblas. Durante ese tiempo los egipcios no podían verse
> unos a otros, ni moverse de su sitio.
>
> *(Éx 10.21-23)*

Dios trajo una terrible oscuridad sobre la tierra de Egipto, lo cual fue expresión de la ira y el juicio divino contra aquellos que estaban endureciendo sus corazones, negándose a hacer lo que Dios había pedido. Y tal como la oscuridad expresaba el juicio de Dios sobre los egipcios por lo que estaban haciendo con el pueblo de Dios, Israel, así también los momentos de oscuridad en la cruz fueron expresión del juicio de Dios sobre Israel por lo que ellos estaban haciendo contra el Mesías de Dios, Jesús.

El profeta Amós también habla de la oscuridad del juicio de Dios como una característica del terrible «día del Señor».

> En aquel día —afirma el Señor omnipotente—,
>   haré que el sol se ponga al mediodía,
>   y que en pleno día la tierra se oscurezca.
> Será como si lloraran la muerte de un hijo único,
>   y terminarán el día en amargura.
>
> *(Am 8.9-10)*

La oscuridad al mediodía era, para aquellos que podían escuchar las alusiones de las Escrituras, una clara señal del juicio de Dios.

¿Pero sobre quién estaba cayendo la oscuridad del juicio? No solo sobre las multitudes. Porque desde esta oscuridad, y después de tres horas, viene esta terrible exclamación: «*Eloi, Eloi, lema sabactani?*» (que significa, «Dios mío, Dios mío, ¿por qué me has desamparado?»).

Al poner estas palabras de Jesús exactamente en este punto, Marcos nos dice que más grande que la oscuridad física que había descendido sobre los soldados, los dirigentes religiosos y las multitudes burlonas, era la oscuridad envolvente del juicio de Dios que estaba siendo llevada por el que estaba en la cruz, Jesús.

d) Hacia la oscuridad de la separación

Aquí nos movemos, con reverencia y asombro, hacia la profundidad más honda del misterio y la paradoja de la cruz. Jesús, que ya ha soportado el dolor físico de la flagelación y la crucifixión, y el vergonzoso dolor emocional de aquellas tres largas horas de burla pública, ahora entra en la oscuridad más profunda de un sufrimiento infinitamente mayor: la agonía de la separación de Dios, su Padre.

Debemos hacernos dos preguntas al respecto. Primero, ¿fue solo subjetiva? Y, segundo, ¿estaba Dios realmente ausente?

i) ¿Fue solo subjetiva?

En otras palabras, ¿Jesús realmente estaba separado de Dios o es que el sufrimiento hizo que Jesús se *sintiera* abandonado? Así es como algunas personas interpretan el clamor de Jesús. Dicen lo siguiente: No es que Jesús *realmente* experimentó estar separado de Dios; aquello fue tan solo como él lo sintió. Se trataba de un sentido subjetivo de separación, no de una realidad objetiva.

Pero esta respuesta no es satisfactoria. Es demasiado superficial. Esa perspectiva no esta a la altura de las terribles profundidades de la oscuridad, desolación y abandono que Jesús sufrió en esas tres horas de oscuridad. No toma en cuenta la realidad de la carga del pecado que Jesús llevaba sobre sí y las consecuencias de hacerlo.

- El hijo de Dios está separado de su Padre.
- El que había tenido una comunión perfecta con el Padre desde la eternidad, ahora la ha perdido.
- El que nunca conoció más que luz, amor y gozo en la presencia de su Padre ahora se sumerge en la oscuridad de la ausencia de su Padre.

Y lo único que puede clamar es: ¿Por qué?

De verdad, ¿por qué?

Solo existe una cosa que puede separar a un ser humano de Dios, y ello es el pecado. «Son las iniquidades de ustedes las que los separan de su Dios. Son estos pecados los que lo llevan a ocultar su rostro para no escuchar» (Is 59.2).

Pero Jesús no pecó.

Incluso Poncio Pilato reconoció que Jesús era inocente. Incluso uno de los dos terroristas crucificados a la par de Jesús lo reconoció. «En nuestro caso, el castigo es justo, pues sufrimos lo que merecen nuestros delitos», le dijo al otro criminal, «este, en cambio, no ha hecho nada malo» (Lc 23.41).

¿Entonces por qué este terrible clamor de separación de su Padre?

La respuesta solo puede ser: porque fueron nuestros pecados los que Jesús cargó. Fue nuestro pecado lo que lo separó de su Padre. «¡Aquí tienen» —dijo Juan el Bautista— «al Cordero de Dios, que quita el pecado del mundo!» (Jn 1.29). Y Pablo lo pone más claro que nadie: «Al que no cometió pecado alguno, por nosotros Dios lo trató como pecador» (2Co 5.21).

Y así Jesús entra en las profundidades más recónditas de la oscuridad del pecado mismo, lugar del rechazo, del aborrecimiento, de la condena de Dios a toda maldad. En esas horas centrales en la cruz, Jesús entra en ese lugar, en lugar nuestro. Y en ese lugar, él experimentó en su humanidad la horrible e inimaginable realidad de la separación de Dios.

«Dios mío, Dios mío, ¿por qué me has abandonado?» Las palabras en los labios de Jesús son las palabras iniciales del Salmo 22. También podría haber citado las palabras del Salmo 88. Este es otro salmista que expresa el terror de la ira de Dios, aunque, por supuesto, Jesús soportó esa realidad de una manera en la que el salmista jamás se hubiera imaginado.

> Me has echado en el foso más profundo,
>> en el más tenebroso de los abismos.
> El peso de tu enojo ha recaído sobre mí;
>> me has abrumado con tus olas…
> ¿Por qué me rechazas, Señor?
>> ¿Por qué escondes de mí tu rostro?…
> Tu ira se ha descargado sobre mí;
>> tus violentos ataques han acabado conmigo…
>> ahora solo tengo amistad con las tinieblas.
>
> *(Sal 88.6-7, 14, 16, 18)*

Excepto que las tinieblas no fueron amistad alguna para Jesús. Fueron la parte más profunda de su sufrimiento.

Permítanme leer cómo lo expresa el teólogo escocés Donald Macleod. Yo no podría expresarlo mejor:

> En el momento de más necesidad y de mayor dolor del Hijo, Dios no esta ahí. El Hijo clama, pero no es escuchado. El recurso familiar, el máximo recurso, el único recurso, no esta ahí. El Dios que siempre estuvo ahí, el Dios que hacía falta ahora más que nunca, no aparecía por ninguna parte. No hubo respuesta al llanto del Hijo. No hubo consuelo. Jesús quedó sin Dios, sin percepción de su propia condición de Hijo, sin poder decir, por primera y única vez en su vida: «Abba, Padre». Quedó sin ningún indicio del amor de Dios y sin sentir el accionar del propósito de Dios. No hubo nada más que ese «¿por qué?», tratando en vano de zanjar esa oscuridad. Se hizo pecado. Encarnó la transgresión de la ley, y como tal fue desterrado al hoyo negro donde pertenece la iniquidad y desde donde ningún otro sonido puede escapar, excepto un ¿por qué? Esas fueron las únicas palabras del Hijo en su agonía final, mientras trataba de alcanzar a Dios, a quien necesitaba desesperadamente, pero que en calidad de Pecado no podía distinguir, y de cuya presencia estaba siendo expulsado. No podía haber acuerdo entre los dos. Dios «no escatimó ni a su propio Hijo». Tenía que ser tratado no como Hijo, sino como Pecado.[12]

En otras palabras, Jesús experimentó, en la infinita intensidad de ser Dios y hombre a la misma vez, lo que significa estar separado de Dios. En la misteriosa infinidad de aquel momento —horas terrenales, pero una eternidad en su profundidad y significado— Jesús experimentó lo que es el infierno.

En 2 Tesalonicenses 1.9 Pablo describe el destino de aquellos que finalmente deciden rechazar a Dios, aquellos que se aferran a su pecado sin arrepentimiento y rechazan volverse de su maldad hacia él:

---

[12] Donald Macleod, *A Faith to Live By* (Fearn, Tain: Christian Focus, 2002), 130–131. N. de. E.: En la versión inglesa, el autor cita una frase del famoso himno *How Great Thou Art* (¡Cuán grande es Él!), que no aparece en la traducción al español. Lo más cercano a dicha frase es la cita de Romanos 8.32.

«Ellos sufrirán el castigo de la destrucción eterna, lejos de la presencia del Señor y de la majestad de su poder». Pablo no usa la palabra infierno, pero básicamente lo describe. El infierno es el castigo de la eterna destrucción, de estar separados de Dios, desterrados, excluidos, abandonados. Y Jesús fue a ese lugar.

Algunas personas sienten la tentación de decir: «Bueno, está bien. Si el infierno es estar separado de Dios, puedo acostumbrarme a ello. Quiero decir, ahora estoy sin Dios, así que puedo prescindir de él para siempre. ¿Cuál es la diferencia?».

Mi querido amigo, si te sientes tentado a pensar de esta manera, por favor no lo hagas. Es un disparate. Puede ser que ahora estés viviendo *sin Dios como referente*, pero ciertamente no estás viviendo *sin Dios*. ¿Quién crees que es la fuente de tu vida, de tu salud? Es la creación de Dios la que te da la comida que comes, el agua que bebes, el aire que respiras. ¡Dios es la fuente de todo el amor y la alegría en tus relaciones, toda la emoción en tu trabajo, tus ambiciones, tus deportes, tu recreación, ¡Dios es la fuente de toda la belleza que disfrutamos en la música, en el arte y en los rostros de otras personas, en la naturaleza y en todo! Dios es el autor, el dador y el poder energizante detrás de todo lo que hace que la vida humana valga la pena vivirla. Así que no te imagines por un momento que tu vida ahora no tiene a Dios.

Pero trata de imaginar cómo sería de verdad estar realmente, totalmente, sin Dios. Imagina estar separado de todas esas cosas que Dios da en abundancia para hacer que la vida valga la pena vivirla. Sin amor, sin vida, sin luz, sin alegría, sin relaciones sustentadoras, solo una total y absoluta soledad. Sin paz, sin placer, sin satisfacción y sin esperanza, sin lado positivo, sin futuro, solo la ausencia interminable de todo lo bueno. Completamente aislados de todo lo que Dios es y de todo lo que Dios da. Eso es el infierno. Eso, quizás, es lo minino que uno podría esperar del infierno.

Y Jesús fue allí. Jesús descendió a lo más profundo de esa oscuridad, la total oscuridad de estar separado de Dios. Y Jesús lo hizo para que tú y yo nunca lo tengamos que hacer. Él fue a aquel lugar para hacer posible que nosotros no tengamos que ir allá; para que «todo aquel que en él cree, no se pierda, más tenga vida eterna».

Así que, ¿fue la oscuridad del abandono solo algo subjetivo? ¿Fue algo que Jesús solamente sintió? No, fue real. Fue la parte mas terriblemente real de toda la copa de sufrimiento que Jesús tuvo que beberse en la cruz.

ii) ¿Dios realmente estaba ausente?

Nuestra segunda pregunta es: ¿De verdad estaba ausente Dios de esta escena? En otras palabras, mientras Jesús moría en la cruz y clamaba: «Dios mío, Dios mío, ¿por qué me has desamparado?» ¿es cierto que Dios no estaba ahí? Debemos de responder, de nuevo: «No». Y esta es la mayor paradoja y misterio de la cruz: Dios nunca estuvo más presente en la tierra que cuando estuvo en la cruz.

«El Padre y yo somos uno», había dicho Jesús. Así que esa horrible ruptura, ese terrible tiempo de separación, fue una agonía tanto para el Padre que la impuso como para el Hijo que la soportó. «Dios» —dice Pablo— «estaba reconciliando al mundo consigo mismo… en Cristo» (2Co 5.19). La obra de nuestra salvación, incluyendo la profundidad de las tinieblas y la separación, fue obra de Dios, de la totalidad de Dios, por así decirlo. Dios el Padre y Dios el Hijo estaban actuando juntos, así como también estaba el Espíritu Santo. Hebreos nos dice que fue «por medio del Espíritu eterno [que Jesús] se ofreció sin mancha a Dios» (Heb 9.14).

Dios estaba allí en la tierra, así como en el cielo, en la cruz y en la agonía de la separación, cargando sobre sí mismo el precio de nuestra salvación.

Esa fue la profundidad de la oscuridad de la cruz. También fue el comienzo de la luz.

Entonces, a medida que nos movemos de la oscuridad a la luz, a modo de transición a la segunda parte de nuestra meditación, permítanme leer un poema escrito por Don Carson. Es un poema que escribió en torno a estas precisas palabras de Jesús. Fíjense cómo se traslada de la oscuridad del principio a la luz del final.

La oscuridad luchó, el sol se marchitó,
Y cual raudal hueste, pisoteó veloz
Terror por doquier, del déspota feroz.
La oscuridad, la tiranía iluminó.

Peor aún, la Divinidad se marchó
Gran desesperación, terreno sombrío

Que escapa con su vida: «Dios mío, Dios mío»
«¿Por qué me has dejado?», Jesús preguntó.

Hubo silencio. El cielo descendió.
Supremo, impactante, agobiante.
Hablarle a Jesús, Dios no le pareció.

No lloraré, como él, desde el hades.
Ese llanto triste como la noche.
Cuyo brillo cae en todos los rincones.[13]

2. Hacia la luz

Luego, en un segundo momento, nos movemos *hacia la luz*. Habiéndonos dirigido al momento más oscuro de la cruz, Marcos ahora comienza a guiarnos hacia la luz, cuyo clímax, por supuesto, es la resurrección, aunque no llegaremos hasta allí, todavía.

a) Hacia la luz de la creación de Dios (15.33-37)

En primer lugar, Marcos nos dirige hacia la luz de la creación de Dios, porque nos dice que a la novena hora (3:00 p.m.) cuando Jesús murió, la oscuridad que había comenzado desde la sexta hora (mediodía) había terminado.

¡Y salió el sol!

El sol, que en la Biblia es el símbolo de la alegría de la creación, volvió a brillar. El Salmo 19 describe al sol como un atleta alegre que corre su carrera diaria de un extremo de los cielos al otro.

El sol había salido ese viernes por la mañana, solo para oscurecerse al mediodía mientras Jesús moría. Y el sol saldría el sábado con Jesús aún en la tumba. Pero, al tercer día, el sol saldría, junto con el Hijo mismo de Dios, trayendo consigo una nueva creación a la vez que el Hijo de Dios brillaría en toda su gloria. Y Pablo nos dice que toda la creación, cielo y tierra, ha sido reconciliada con Dios por medio de la

---

13 D. A. Carson, *Holy Sonnets of the Twentieth Century* (Grand Rapids: Baker/Nottingham: Crossway, 1994), 51. N. de. E.: Por razones obvias, la cita del soneto inglés original no puede ser traducida literalmente. Por ello, ofrecemos una adaptación *ad hoc*.

sangre de Cristo derramada en la cruz. Entonces el sol, que se había «negado a brillar» cuando Jesús entró en la oscuridad de la separación de Dios, volvió a salir a medida que la redención de toda la creación comenzaba a brillar.

b) Hacia la luz de la victoria de Dios (15.34-37)

En segundo lugar, Marcos nos dirige hacia la luz de la victoria de Dios. Como he mencionado, el clamor de Jesús en Marcos 15.34 es el primer versículo del Salmo 22. Pero cuando Jesús (o Pablo, o cualquier escritor del NT) cita un versículo de las Escrituras, siempre alude a todo el contexto del versículo citado. Y la segunda mitad del Salmo 22 anticipa la esperanza del gran triunfo de Dios. Parte de esa victoria se prevé en el versículo 27: «Se acordarán del Señor y se volverán a él todos los confines de la tierra; ante él se postrarán todas las familias de las naciones». No es nada menos que la gran promesa de Dios a Abraham, la misión de Dios de llevar bendición a los confines de la tierra. El Salmo 22 termina con estas palabras triunfales: «Dios hizo justicia». Dios lo habrá logrado. Dios habrá logrado todo lo que pretendía hacer para la salvación del mundo. Así que aquí está el principio y el final del salmo que Jesús citó: comienza con el escalofriante dolor del rechazo y todo el sufrimiento que le sigue; pero termina con una afirmación triunfal de la victoria de Dios.

Como veremos en el último capítulo, Juan nos dice que las palabras finales de Jesús en la cruz (probablemente el «fuerte grito» al que Marcos se refiere en 15.37) fueron: «Todo se ha cumplido». Eso significa que «¡se ha logrado!». La victoria se ha ganado. Jesús ha hecho lo que vino a hacer—soportar el pecado del mundo, soportar el juicio de Dios, ir al lugar de desolación, desesperación y abandono, ir allí en nuestro lugar y dar su vida por el rescate de muchos. Y habiendo logrado eso, ahora podía rendir su vida.

Jesús murió sabiendo que la luz de la victoria de Dios estaba amaneciendo, porque él lo había logrado.

c) Hacia la luz de la presencia de Dios (15.38)

En tercer lugar, Marcos nos dirige hacia la luz de la presencia de Dios. En el versículo 38 nos dice que cuando Jesús murió la cortina del templo se rasgó en dos de arriba abajo. Se trataba de la cortina que separaba el lugar santísimo del resto del templo. El lugar santísimo era donde se «ubicaba» la presencia de Dios, sobre el arca del pacto. La gruesa cortina mantenía al pueblo fuera de la presencia de la gloria del santo Dios viviente. Solo el sumo sacerdote podía entrar allí, una vez al año.

Entonces, cuando Jesús muere, Dios rasga esa cortina de arriba abajo, porque ahora ya no existe ninguna barrera. Dios ya no está envuelto en oscuridad, dentro de un templo. Dios ahora está invitando al mundo a la luz del perdón y de la nueva vida por medio de la sangre derramada de Jesús. Por la muerte de Jesús, hemos sido invitados a la presencia misma de Dios. La cruz abre el camino. La cortina ha sido rasgada.

Y así, el escritor de la Carta a los Hebreos, recordando este mismo evento, nos alienta a aceptar esa invitación y entrar directamente a la luz de la presencia de Dios:

> Así que, hermanos, mediante la sangre de Jesús, tenemos plena libertad para entrar en el Lugar Santísimo, por el camino nuevo y vivo que él nos ha abierto a través de la cortina, es decir, a través de su cuerpo; y tenemos además un gran sacerdote al frente de la familia de Dios. Acerquémonos, pues, a Dios con corazón sincero y con la plena seguridad que da la fe.
>
> *(Heb 10.19-22)*

Qué maravilloso que, en el relato de Marcos de aquel momento, la primera persona que pasa a través de esa cortina rasgada, la primera persona que se acerca a la presencia de Dios por fe (ignorando por un momento al criminal que estaba en la otra cruz, de quien escribe Lucas), fue un gentil: el centurión romano que en el versículo 39 reconoce la verdad de lo que acaba de ocurrir y camina hacia la luz de la fe en el Dios vivo.

d) Hacia la luz del Hijo de Dios (15.39)

Esto nos lleva a nuestro cuarto punto. Marcos nos dirige hacia la luz del hijo de Dios en el versículo 39.

El centurión estaba de pie frente a Jesús; ello significa que probablemente se trataba del oficial supervisor. Estaba a cargo de todo este evento. ¿Cuántas escenas como esta habría presenciado? ¿Cuántas personas más habría crucificado este centurión? Se volvió insensible y despiadado, de tanto hacer ese espantoso trabajo. Debió de haber visto morir a cientos de personas tal como Jesús, o al menos eso pensó. Sin embargo, cuenta Marcos, cuando escuchó el grito de Jesús y cuando vio cómo murió, este endurecido centurión pagano entendió la verdad sobre Jesucristo. Y por lo tanto exclamó: ¡Verdaderamente este hombre era el Hijo de Dios!

Tal vez no sepamos cuánto entendió el centurión las palabras que acababa de decir, aunque me alegra creer que fue una verdadera confesión de fe. Pero Marcos, quien preserva aquellas palabras, lo entiende completamente. De hecho, Marcos claramente tiene la intención de que nosotros, sus lectores, veamos esto como el clímax de toda su narrativa, porque este título, Hijo de Dios, es como un marco alrededor de su Evangelio. Marcos comienza y termina con ello. En su primer versículo escribe: «Comienzo del evangelio de Jesucristo, el Hijo de Dios». Y aquí, cerca del final de su Evangelio, registra al centurión romano diciendo: «¡Verdaderamente este hombre era el Hijo de Dios!».

Pero Marcos aprovecha su habilidad de escritor para aclarar su punto aún más. En 1.10-11, en el bautismo de Jesús, Marcos dice que el cielo «se rasgaba»[14] y «se oyó una voz del cielo que decía: "Este es mi hijo amado con quien estoy muy contento"». Aquí en 15.38-39, utilizando exactamente el mismo verbo griego (los dos únicos lugares en el Evangelio de Marcos), dice que, cuando Jesús murió en la cruz, la cortina del templo «se rasgó en dos», y el centurión exclamó: «verdaderamente este es el Hijo de Dios». Dos acontecimientos similares: un desgarro y una voz; una es la voz de Dios y la otra la de un ser humano creyente, ambos afirmando lo mismo sobre Jesús.

Como pueden ver, Marcos quiere asegurarse de que sepamos bien quién es Jesús. Él es el Hijo de Dios. Pero en el Evangelio de Marcos, hasta este punto, solo Dios y los demonios lo han reconocido. Dios lo

---

[14] N. del E.: En el texto original en inglés, el autor quiere dar a entender que, tanto en Mr 1.10 como en 15.38, Marcos usa el mismo verbo griego para conectar el evento del cielo abierto y el velo rasgado respectivamente. Este término griego puede traducirse de distintas maneras, pero todas bajo la misma idea de «dividir» (p. ej.: abrir, rasgar, cortar, partir, dividir). La versión *La Palabra de Dios para todos* ha decidido usar el verbo rasgar, el cual citamos para ilustrar lo que el autor quiere dar a entender.

declara dos veces: primero en el bautismo de Jesús, «Tú eres mi Hijo», y luego nuevamente en su transfiguración, «Este es mi Hijo amado» (Mr 9.7). Los demonios que poseyeron al hombre de la región de los gerasenos, después de que Jesús los enfrentase, gritaron: «¿Por qué te entrometes, Jesús, Hijo del Dios Altísimo?» (Mr 5.7).

Pero en el Evangelio de Marcos, ningún ser humano común reconoce que Jesús es el Hijo de Dios, hasta este momento. Creo que es bastante intencional. Yo creo que Marcos quiere que observemos que *mientras fue testigo de la muerte de Jesús* («al oír el grito y ver cómo murió…», 15.39) este centurión romano reconoció la verdad sobre aquel hombre en la cruz del medio. El punto de Marcos es que si queremos realmente entender quién es el Hijo de Dios, tenemos que verlo en la cruz. Él es el Hijo que vino a dar su vida. El Hijo siervo. El Hijo que voluntariamente hizo la voluntad de su Padre, eligió cargar con el costo de nuestra salvación. Y en ese sentido, el propósito de Marcos es exactamente el mismo que el de Juan. Al final de su Evangelio, Juan escribe: «Pero estas [cosas] se han escrito para que ustedes crean que Jesús es el Cristo, el Hijo de Dios…» (Jn 20.31). Y Jesús mismo dice: «Ciertamente les aseguro que el que oye mi palabra y cree al que me envió tiene vida eterna y no será juzgado, sino que ha pasado de la muerte a la vida» (Jn 5.24). De la muerte a la vida, de la oscuridad a la luz.

Así que permítanme concluir. ¿Qué tenemos aquí? Tenemos una concisa narración de Marcos respecto a la crucifixión, no con muchas palabras sino tan solo las necesarias. Y, sin embargo, Marcos nos dirige primero hacia la oscuridad:

- bajo el manto de la oscuridad
- hacia la oscuridad de la creación
- hacia la oscuridad del juicio de Dios
- y hacia la oscuridad de la separación entre Hijo y Padre, por nosotros

Pero Marcos también dirige nuestra mirada desde esa oscuridad hacia la luz:

- hacia la brillante luz de la creación reconciliada
- hacia la luz de la victoria de Dios por medio de Cristo

- hacia la luz de la presencia de Dios para todos los que vienen a él por medio de la fe en Jesús
- y hacia la luz del glorioso Hijo de Dios que murió por nosotros

Como dice Pablo: «¿Qué diremos frente a esto? Si Dios está de nuestra parte, ¿quién puede estar en contra nuestra? El que no escatimó ni a su propio Hijo, sino que lo entregó por todos nosotros, ¿cómo no habrá de darnos generosamente, junto con él, todas las cosas?» (Ro 8.31-32). Todas las cosas, incluyendo la vida, el perdón, y la bendición de una eternidad con Cristo, porque Cristo fue al lugar que ya no tenemos que ir si confiamos en él.

Oración: Padre celestial, Señor Jesucristo, nuestros corazones te adoran, te alaban y te agradecen por la realidad de lo que hiciste en la cruz. Gracias Señor, que fuiste allí por nosotros; que, como Padre, Hijo y Espíritu, juntos, elegiste pasar por el dolor de la separación, el juicio, la condena y la ira por nosotros, cargándolo tú mismo, para que ya no lo tengamos que cargar nosotros, si confiamos en ti. Señor, te agradecemos por ello. Te rogamos que una vez más podamos depositar nuestra confianza en ti, o tal vez por primera vez si nunca lo hemos hecho antes. Depositamos nuestra confianza en el Señor Jesucristo que murió por nosotros. Ayúdanos, Señor, a lograr eso. Ayúdanos, Señor, a recibir la luz y la seguridad de tu promesa: que el que cree en ti no perecerá, sino que tendrá vida eterna. Esto pedimos no solamente por nuestra bendición y salvación, sino en última instancia, por tu Gloria y por el Nombre de nuestro Señor Jesucristo. Amén.

Capítulo 5

Todo se ha cumplido

Juan 19.28-37[15]

Esto que hago ahora, es mejor, mucho mejor que cuanto hice en la vida; y el descanso que voy a lograr es mucho mas agradable que cuanto conocí anteriormente.

Estas son las célebres palabras finales del personaje de Sydney Carton en *Historia de dos ciudades*, la conocida novela de Charles Dickens, ambientada en la época de la Revolución Francesa. Dickens pone esas palabras en la mente de Carton mientras él sube a la guillotina de París para sacrificar su propia vida, disfrazándose del hombre que todos creen que están ejecutando, Charles Darnay, para que así Darnay puede escapar y salir libre.

Las célebres palabras finales de héroes moribundos son un tema popular en la literatura y en las películas. Charles Dickens podía escribir lo que quería como las palabras finales de Sydney Carton, porque estaba escribiendo ficción y estaba poniendo estas palabras en la mente y la boca de su personaje ficticio, uno que se ofreció a morir en lugar de otro.

Juan, en cambio, no esta escribiendo ficción. Más bien, nos está invitando a ver los últimos instantes de la vida del Señor Jesucristo y a escuchar algunas de sus palabras finales en esos minutos antes de su muerte. Me parece que Juan nos muestra la muerte de Cristo desde dos ángulos. Primero, en los versículos 28-30, Juan nos lleva a la mente

---

15 Este sermón fue predicado en la iglesia All Souls el 20 de marzo del 2005.

de quien lo está experimentando, es decir, el propio Jesús en la cruz. Y luego, en los versículos 31–37, Juan cambia de ángulo para mostrarnos la muerte de Cristo por medio de los ojos *de quien la está presenciando*, a saber, el propio Juan, el discípulo al pie de la cruz.

1. En la mente de Jesús

Entonces, primeramente, veremos la cruz desde la conciencia de Jesús.

> Después de esto, como Jesús sabía que ya todo había terminado, y para que se cumpliera la Escritura, dijo: — Tengo sed. Había allí una vasija llena de vinagre; así que empaparon una esponja en el vinagre, la pusieron en una caña y se la acercaron a la boca. Al probar Jesús el vinagre, dijo: —Todo se ha cumplido. Luego inclinó la cabeza y entregó el espíritu.
>
> *(Jn 19.28-30)*

¿Cómo sabía Juan lo que Jesús estaba pensando en ese momento? Tan solo puedo suponer que, después de la resurrección de Jesús, en las conversaciones que tuvieron Jesús y sus discípulos, Juan hizo preguntas y Jesús explicó, incluyendo esos pensamientos e intenciones internas que llenaron sus momentos finales. Entonces, cuando Juan escribe su Evangelio, nos adentra en la mente de Jesús por medio de una de las cosas que Jesús dijo y por qué lo dijo.

a) «Tengo sed» (Jn 19.28)

Jesús dijo: «Tengo sed». Juan debe haber querido que veamos la ironía de esto. Este es el Jesús que le había dicho a la mujer samaritana en el pozo: «Pero el que beba del agua que yo le daré no volverá a tener sed jamás» (Jn 4.14). Este es el Jesús quien había gritado en voz alta en la gran fiesta de los Tabernáculos, «¡Si alguno tiene sed, que venga a mí y beba!» (Jn 7.37). Este es el que declara desde el trono de Dios: «Al que tenga sed le daré a beber gratuitamente de la fuente del agua de la vida. A los sedientos les daré agua sin costo del manantial del agua de la vida» (Ap 21.6). Y, sin embargo, se está muriendo de sed.

¿Por qué dijo Jesús estas palabras? La razón más obvia es porque eran ciertas. Estaba desesperadamente sediento. Una de las agonías específicas de los crucificados era que producía una sed insoportable. La deshidratación era rápida. Se sufría una severa pérdida de sangre causada por la flagelación y los clavos. Se experimentaba también bastante sudoración en reacción a la agonía física. Los crucificados eran expuestos al sol durante toda la mañana y pasando el mediodía. Por supuesto que se sufría de sed.

Pero Juan claramente quiere que veamos más en estas palabras, por la manera en que describe el momento usando tres expresiones, incluyendo las palabras finales de Jesús después de que le dieron un poco de vinagre para beber (19.28-30). ¿Notaron los verbos?

- sabiendo que ya todo había *terminado* (o «consumado» en algunas versiones),
- y para que se *cumpliera* la Escritura…
- Jesús dijo: «Todo se ha *cumplido*» (o «consumado» en algunas versiones).

Esos tres términos —*terminado, cumpliera y cumplido*—, diferentes en español, son palabras muy similares en griego. De hecho, la primera y la última palabra en griego son exactamente la misma y la del medio es casi igual. Las tres conllevan el significado de que se ha logrado y consumado algún propósito o meta.

Juan quiere que nos demos cuenta de que, en la conciencia de Jesús en este momento, toda esa experiencia es una de *logro*. Esa es la sorprendente paradoja. En aquellos momentos de muerte, la mente de Jesús está llena, no con desesperación exasperada, sino con un sentimiento de logro. Su muerte inminente no fue simplemente algo que otros le habían infligido, ¡sino algo que él mismo había logrado!

Juan nos dice que Jesús pronunció estas palabras, «Tengo sed», por dos razones: (a) por lo que él *sabía* (que ya todas las cosas se habían logrado), y (b) por lo que *pretendía* (que también la Escritura se cumpliera). En otras palabras, fueron las palabras y el accionar totalmente deliberado de un hombre que, aunque estaba a punto de morir, todavía estaba en total control de sí mismo, sus pensamientos, sus intenciones, sus palabras y sus acciones.

Veamos estas tres frases clave en estos versículos a medida que Juan nos las va dando.

b) Todo había terminado (Jn 19.28)

Jesús todavía no estaba muerto, pero estaba triunfantemente consciente de que ahora nada podría interponerse a su muerte. Esto era lo que había venido a hacer. Para esto lo había enviado su Padre. Todo el plan de Dios que se remontaba a la eternidad antes del nacimiento terrenal de Jesús ahora se estaba cumpliendo. El objetivo de su vida era dar su vida en rescate por muchos. Esa era la voluntad de Dios y su propia voluntad, y ahora había llegado al punto de no retorno. Estaba, como se diría, pasando la última curva, en la recta final. No había nada que pudiera detener el momento en que entregaría su vida. Su muerte ahora era inevitable.

Pero, podríamos preguntar, ¿cuál era el sentido de pensar de esta manera? Seguramente que no tenía otra opción. Ahí estaba, clavado en la cruz. ¿Cómo podía estar pensando, «¡Ya está! ¡Lo he hecho! ¡Lo logré, al fin!»? Bueno, esto es realmente el punto. Fue solo porque Jesús había estado tan decidido a morir que él había llegado a ese punto de no retorno.

Si lo pensamos bien, casi todos trataron de impedir que Jesús llegara a este punto de dar su vida. Al principio, Herodes, por ejemplo, intentó matar a Jesús cuando era tan solo un pequeño bebé. Toda la historia pudo haberse detenido allí mismo. Y luego, cuando Jesús iniciaba su ministerio, el diablo trató de tentarlo para que no siguiera el camino de obediencia a su Padre —que conduciría al sufrimiento y la muerte—, ofreciéndole alternativas mucho más atractivas. En Cesarea de Filipo, cuando Jesús comenzó a explicar a sus discípulos lo que estaba por delante, Pedro dijo: «No, no, ¡Señor, eso no te va a pasar!». Más tarde, su propia madre y su familia trataron de desviarlo de su misión, la cual era claramente ofensiva y peligrosa. En su peor momento en Getsemaní, desde su propia lucha interna le sobrevino un profundo anhelo por no tomar la copa que su Padre le estaba dando. Cuando lo arrestaron, sabía que podría haber convocado a escuadrones de ángeles para rescatarlo. Y más temprano esa misma mañana, Pilato había tratado de liberarlo. Incluso en esos primeros momentos en la cruz, los criminales a cada lado de él lo instaron (con burla, por supuesto): «Sálvate y sálvanos a nosotros también» (algo que él podría haber hecho). Fue solo porque Jesús estaba decido a continuar hasta su muerte que pudo llegar a ese punto final de victoria. Ahora todo había terminado, todo estaba consumado. Nada más se interponía en el camino para que Jesús diera su vida y terminara la tarea para la cual su Padre lo había enviado.

c) Para que se cumpliera la Escritura (Jn 19.28)

Las Escrituras que habían guiado a Jesús a lo largo de su vida llenan su conciencia incluso ahora en los momentos finales de su vida. Cinco días y siete capítulos antes en el Evangelio de Juan, en el día que ahora llamamos Domingo de Ramos, Jesús había entrado en Jerusalén montado en un burro, y allí también Juan nos dice que era para cumplir la Escritura, en esa ocasión Zacarías 9.9. (Juan también nos dice que solo después de la resurrección los discípulos entendieron todo esto; por eso sugerí que Juan llegó a entender las palabras de Jesús en la cruz hablando con el propio Jesús resucitado.) Entonces en la cruz, con la Escritura en mente, Jesús dice: «Tengo sed».

¿Cuál Escritura?, podríamos preguntar. Bueno, como vimos en el capítulo 3, podría haber sido el Salmo 69.21: «para calmar mi sed me dieron vinagre». Ese es el versículo que Lucas, probablemente, vio reflejado en su relato de la esponja empapada en vinagre. Pero creo, casi con certeza, que Juan quiere decir que la Escritura que el propio Jesús tenía en mente era el Salmo 22.15.

> Se ha secado mi vigor como una teja;
>> la lengua se me pega al paladar [¡Eso es sed!]
>> ¡Me has hundido en el polvo de la muerte!

Este es probablemente el versículo en el que Jesús está pensando, ya que sabemos por Marcos que Jesús citó el Salmo 22.1 cuando exclamó, en el clímax de sus sufrimientos: «Dios mío, Dios mío, ¿por qué me has abandonado?». Y Juan mismo ya ha citado el Salmo 22.18, al describir cómo los soldados echaron suertes para dividirse la ropa de Jesús (Jn 19.23–24).

¿Qué es lo que Jesús encuentra en el Salmo 22 que tanto llena su mente? Creo que en realidad está tomando las dos mitades del salmo para sí mismo. Miremos la primera mitad del salmo 22, hasta el versículo 21. Es el grito de alguien que está pasando por un sufrimiento agudo, alguien que se siente abandonado por Dios y maltratado por la gente, alguien que describe su sufrimiento en una serie de metáforas violentas: atacado por peligrosos animales, paralizado, perforado, sin palabras, indefenso, desnudado, expuesto, atrapado, inmovilizado... Es una representación aterradora, y algunas de las imágenes que el salmista usó para describir su sufrimiento se volvieron literales para Jesús en su crucifixión. Entonces Jesús ciertamente podía identificarse con la primera mitad del Salmo 22 y ver su propio sufrimiento como su cumplimiento.

Pero la segunda mitad del salmo 22 (desde el versículo 22 hasta el final), de manera asombrosa y sin explicación, pasa a anticipar la adoración a Dios por su salvación. El salmista no solo espera que Dios lo libre y lo reivindique, sino también que la salvación de Dios se extenderá al pobre (v. 26) y al rico (v. 29), a las generaciones que han muerto (v. 29) y a las generaciones futuras (v. 30). Efectivamente, la salvación de Dios será tan completa que:

> Se acordarán del Señor y se volverán a él
>> todos los confines de la tierra;
>> ante él se postrarán
>> todas las familias de las naciones,
> porque del Señor es el reino;
>> él gobierna sobre las naciones.
>
> *(Sal 22.27-28)*

Entonces, cuando Jesús declaró su sed «para que se cumpliera la Escritura», no estaba marcando una casilla más en una lista de predicciones bíblicas. No, Jesús vio una profunda resonancia entre lo que le estaba sucediendo en ese momento y el mensaje y la visión del Salmo 22 *en su totalidad*. Jesús encontró *en ambas mitades del Salmo* palabras que expresaban las profundidades de su sufrimiento y el alcance de su fe y esperanza. Así, las Escrituras, que habían dirigido cada momento de su vida, continuaron dirigiendo aun su último aliento.

d) «Todo se ha cumplido» (Jn 19.30)

Las ultimas palabras de Jesús en el relato de Juan probablemente aluden a las palabras finales del salmo 22, que como ya hemos visto, estaba en la mente de Jesús en ese momento. En el clímax de la canción, el salmista dice que todas las grandes cosas que anticipa pasarán porque Dios mismo las cumplirá. Las futuras generaciones adorarán a Dios.

> Vendrán, y anunciarán su justicia;
> A pueblo no nacido aún, anunciarán que él hizo esto.
>
> *(Sal 22.31* RVR60*)*

Eso es lo que Jesús «celebra» con su último aliento. Juan enfatiza su significado a partir del uso de tres frases en los versículos 28-30: todo había terminado, la Escritura se ha cumplido, ahora todo se ha cumplido. ¡Dios lo ha hecho!

Podríamos preguntar: ¿Qué se ha cumplido?

Para responder a esa pregunta necesitamos más pasajes de los citados por Jesús y Juan en ese momento; necesitamos pasajes que expliquen el plan y el propósito completo de Dios. A continuación, algunos pasajes que nos ayudarán a entender el significado pleno de lo que Dios ha hecho mediante la cruz de Cristo.

- Era el plan de Dios lidiar con toda la culpa del pecado humano para que la justicia de Dios sea vindicada. Y en la cruz, Dios lo cumplió cuando cargó toda esa culpa y castigo sobre sí mismo en la persona de su único Hijo Jesucristo. «Pero el Señor hizo recaer sobre él la iniquidad de todos nosotros» (Is 53.6), cuando «él mismo, en su cuerpo, llevó al madero nuestros pecados» (1P 2.24).

- Era el plan de Dios derrotar a todos los poderes del mal y a todas las fuerzas demoníacas que destruyen, invaden y aplastan la vida humana. Y en la cruz, Dios lo cumplió cuando Cristo «desarmó a los poderes y a las potestades, y… los humilló en público al exhibirlos en su desfile triunfal» (Col 2.15).

- Era el plan de Dios destruir a la muerte, el gran invasor y enemigo de la vida humana en el mundo de Dios. Y en la cruz, Dios lo cumplió cuando, por la muerte de Cristo, destruyó a aquel «que tiene el dominio de la muerte —es decir, al diablo». Y, «destruyó la muerte y sacó a la luz la vida incorruptible mediante el evangelio» (2Ti 1.10).

- Era el plan de Dios eliminar la barrera y la separación entre judíos y gentiles y, en última instancia, eliminar todas las formas de enemistad y odio entre los seres humanos. Y en la cruz Dios lo cumplió por medio de Cristo: «Porque Cristo es nuestra paz: de los dos pueblos ha hecho uno solo, derribando mediante su sacrificio el muro de enemistad que nos separaba… Esto lo hizo para crear en sí mismo de los dos pueblos una nueva humanidad al hacer la paz, para reconciliar con Dios a ambos en un solo cuerpo mediante la cruz, por la que dio muerte a la enemistad» (Ef 2.14-16).

- Era el plan de Dios sanar y reconciliar a toda su creación, la gran misión cósmica de Dios. Y en la cruz de Cristo, Dios lo cumplió de forma anticipada. Porque es la voluntad de Dios que «por medio de él [Cristo], reconciliar consigo todas las cosas, tanto las que están en la tierra como las que están en el cielo, haciendo la paz mediante la sangre que derramó en la cruz» (Col 1.20).

¡Esta sí que es una lista de logros! ¿Pudieron asimilarla? Permítanme resumirla otra vez. El plan, propósito, y voluntad final de Dios era:

- que el pecado sea castigado y los pecadores perdonados
- que el mal sea derrotado y la humanidad liberada
- que la muerte sea destruida, y que la vida y la inmortalidad sean exaltadas.
- que los enemigos se reconcilien entre sí y con Dios
- y que toda la creación sea restaurada y reconciliada con su creador

Todo eso se cumplió en la cruz, y luego fue afirmado, reivindicado y garantizado por la resurrección. Todo lo que Dios había pretendido se cumplió: *Todo se ha cumplido*.

La frase era una sola palabra en la lengua original que Jesús habló. Y en esa única palabra reside la singularidad del mensaje cristiano. Porque solo el evangelio cristiano afirma que la salvación no se trata de *lo que uno puede hacer* para agradar a Dios y merecer su favor. No, se trata de lo que *Dios ya hizo* para salvarte a ti y al mundo entero.

Y en esa palabra también reside toda la base de la seguridad cristiana. Cuando contemplo la cruz, debo recordar que estoy incluido en el pecado que puso a Jesús allí. Pero, al mismo tiempo, debo verme a mí mismo incluido en la expiación completa que se cumplió allí. Jesús trató con el pecado. Todo pecado. Mi pecado. Jesús dijo: «¡Se ha cumplido!» Así que no es correcto que me de la vuelta y diga: «Oh, no, no lo es. Hay cosas que yo necesito hacer también». Tenemos la costumbre de pensar que debemos hacer esto y aquello para pagar por nuestros pecados, especialmente cuando la vida no va bien y creemos que Dios está de alguna manera todavía castigándonos. A veces me encuentro entrando en la presencia de Dios en oración con el siguiente pensamiento en mi mente: «Señor, realmente no merezco que escuches y contestes mis oraciones hoy porque no he sido un cristiano particularmente bueno recientemente. Me siento avergonzado y culpable». Pero luego tengo que decirme a mí mismo con mucha fuerza: «¡Jamás *merecí* que Dios respondiera a mis oraciones, jamás!». No es cuestión de merecer, sino de recibir lo que Dios ha logrado por su amor y gracia. Por supuesto que es correcto confesar nuestro pecado y avergonzarnos por ello. Pero solo con la intención de recordar una vez más que Jesús cargó con nuestros pecados en la cruz y que puedo estar seguro de estar en paz con Dios y tener una conciencia limpia.

Creo que Juan registra estas palabras de Jesús para decirnos: «Por favor escuchen lo que dijo Jesús, que "Todo se ha cumplido". Créanle y estén seguros del perdón de los pecados y de la vida eterna». Toda la culpa y todo el pecado de mi vida ha sido pagada por Cristo en la cruz. ¿Han captado eso? Así lo expresa un himno muy antiguo:

> *Feliz yo me siento al saber que Jesús,*
> *Libróme de yugo opresor,*
> *Quitó mi pecado, clavólo en la cruz,*
> *Gloria demos al buen Salvador.*[16]

Y así lo describe otro himno más reciente:

> *Y mi pecado lo llevó*
> *a ser crucificado*
> *Mas vida su muerte me dio*
> *Yo sé que ha terminado.*[17]

¿Entienden esto? Espero que sí.

---

[16] Del himno *When Peace, Like a River, Attendeth My Way*, de Horatio G. Spafford. Ha sido traducido al español bajo el título *Alcancé salvación*.

[17] De la canción *How Deep the Father's Love for Us*, de Stuart Townend. Ha sido traducida al español bajo el título *Profundo es el amor de Dios*.

e) *Entregó el espíritu (Jn 19.30)*

Juan ofrece una última observación sobre la conciencia interior de Jesús: «Luego inclinó la cabeza y entregó el espíritu». Es lenguaje bastante intencional. Juan quiere demostrarnos que Jesús no solo murió. Ni siquiera que sencillamente «perdió la vida». Jesús *entregó* su vida. Este fue su momento, fue su plena decisión, y estaba consciente de haber hecho esa elección, de haber terminado la tarea por la cual había venido. De hecho, Jesús lo dijo antes: «Por eso me ama el Padre: porque entrego mi vida para volver a recibirla. Nadie me la arrebata, sino que yo la entrego por mi propia voluntad. Tengo autoridad para entregarla, y tengo también autoridad para volver a recibirla. Este es el mandamiento que recibí de mi Padre» (Jn 10.17-18). Entonces, en este momento, Jesús elige (como lo hizo toda su vida) hacer la voluntad de su Padre, e intencionalmente entrega su vida a la muerte.

El conocimiento interior de Jesús (al comienzo del versículo 28) respecto a que «todo se ha cumplido» significa que la voluntad de Dios Padre se ha cumplido. Y su acto final, en el que «entregó su espíritu» (al final del versículo 30), significa que la voluntad de Dios el Hijo se ha cumplido. En la muerte de Jesús existe una perfecta armonía entre el Padre y el Hijo, como la hubo a lo largo de toda su vida. Y este es un punto teológico realmente importante.

Hay algunas personas a las que no les gusta la idea de que Jesús murió en nuestro lugar, la idea de que Jesús recibió el castigo que merecemos. Sienten que lo que la Biblia retrata como el acto supremo de la justicia de Dios es de alguna manera injusto. Esto es porque imaginan que Dios en su ira hizo que Jesús agonizara por todo lo que merecemos. Por lo tanto, caricaturizan a Dios como un padre abusivo que victimiza a su hijo por algo que no hizo, para que los verdaderos culpables escapen. Han llamado tal visión de la expiación «abuso infantil cósmico». El principal problema con esta distorsión es que interpreta la cruz como un drama de *tres* actores: A: un Dios enojado; B: una humanidad pecaminosa; y C: Jesús. Entonces A debe castigar a B, pero en cambio pone a C en lugar de B y lo castiga, lo cual es irracional e injusto. Pero esta mirada pasa por alto la unidad esencial que existe entre el Padre y el Hijo (que Jesús subraya una y otra vez en el Evangelio de Juan). El drama de la cruz solo tiene dos actores: Dios trino y nosotros. Y es Dios quien carga *sobre sí mismo* las consecuencias de nuestro pecado. En la cruz, Dios se coloca *a sí mismo* en nuestro lugar. Él no «castiga a otro». Fue la autosustitución de Dios en nuestro lugar por medio de su propio Hijo. «En Cristo, Dios estaba reconciliando al mundo consigo mismo» (2Co 5.19).

La Biblia, a veces, expresa esto con declaraciones que se equilibran, y debemos tomar seriamente ambos lados de este equilibrio.

Por ejemplo, sabemos que la cruz fue la voluntad *de Dios* (Hch 2.23). Sí, pero Jesús también dijo: «Mi *alimento* [*voluntad*] es hacer la voluntad del que me envió y terminar su obra» (Jn 4.34).

Isaías 53.6 dice que «el Señor hizo recaer sobre él la iniquidad de todos nosotros». Si, pero Pedro también añade: «Él mismo, en su cuerpo, llevó al madero nuestros pecados» (1P 2.24).

Juan nos dice que «Porque tanto amó Dios al mundo que *dio* a su Hijo unigénito» (Jn 3.16). Si, pero Pablo añade: «el Hijo de Dios, quien me amó y dio su vida por mí» (Gá 2.20). Los planes del Padre y las acciones del Hijo van de la mano en perfecta armonía.

Me pregunto si alguna vez han tenido la oportunidad de leer el libro de John Stott *La cruz de Cristo*. Si no lo han hecho, los animo a que lo compren y lo lean. Es un clásico. En una parte del libro escribe exactamente sobre este punto, y lo dijo mucho mejor que yo:

> Pero no tenemos razón para interpretarlas en el sentido de que Dios obligó a Jesús a hacer lo que él mismo no tenía deseos de hacer, o que Jesús fue una víctima involuntaria de la dura justicia de Dios. Por cierto, que el Señor Jesucristo llevó sobre sí la pena de nuestros pecados. Pero Dios estaba actuando con y en Cristo, y Cristo cumplió su parte libremente (Heb 10.5-10).
>
> No debemos decir que Dios castigó a Jesús o que Jesús persuadió a Dios. Hacerlo equivale a contraponerlos entre sí como si hubiesen actuado en forma independiente o hubiese habido algún conflicto entre ellos. No debemos convertir a Cristo en objeto del castigo de Dios o a Dios en objeto de la persuasión de Cristo. Tanto Dios como Cristo fueron sujetos y no objetos, y tomaron conjuntamente la iniciativa de salvar a los pecadores.

Sea como fuere lo que ocurrió en la cruz en términos de "abandono" por parte de Dios, fue algo aceptado por ambos por el mismo amor santo que hizo que fuese necesaria la expiación…

El Padre no le impuso al Hijo una prueba que estaba reacio a aceptar, como tampoco el Hijo extrajo del Padre una salvación que no estaba dispuesto a conceder. No hay sospecha alguna en el Nuevo Testamento de desacuerdo entre el Padre y el Hijo… No había en ninguno de los dos falta de voluntad. Por el contrario, la voluntad de ambos era coincidente, en un perfecto autosacrificio, expresión de amor.[18]

Nunca separemos al Padre del Hijo en nuestro entendimiento de la cruz. Fueron uno tanto en la muerte de Cristo como lo fueron uno durante su vida.

2. A través de los ojos de Juan

Entonces Juan nos ha llevado, en los últimos momentos de vida de Jesús, a la conciencia misma de Jesús. Continuaremos con los versículos 31–37 para ver la escena a través de los ojos de Juan, que estaba ahí cerca, al pie de la cruz. Jesús ha inclinado su cabeza y ha muerto en el versículo 30, pero Juan es testigo de un acto más en este drama, un acto que luego lo lleva a recordar y citar dos Escrituras más (¡como si no nos hubiera recordado ya lo suficiente!).

> Era el día de la preparación para la Pascua. Los judíos no querían que los cuerpos permanecieran en la cruz en sábado, por ser este un día muy solemne. Así que le pidieron a Pilato ordenar que les quebraran las piernas a los crucificados y bajaran sus cuerpos. Fueron entonces los soldados y le quebraron las piernas al primer hombre que había sido crucificado con Jesús, y luego al otro. Pero, cuando se acercaron a Jesús y vieron que ya estaba muerto, no le quebraron las piernas, sino que uno de los soldados le abrió el costado con una lanza, y al instante le brotó

---

18 John Stott, *La cruz de Cristo* (Buenos Aires: Ediciones Certeza, 1996), 111.

sangre y agua. El que lo vio ha dado testimonio de ello, y su testimonio es verídico. Él sabe que dice la verdad, para que también ustedes crean. Estas cosas sucedieron para que se cumpliera la Escritura: «No le quebrarán ningún hueso» y, como dice otra Escritura: «Mirarán al que han traspasado».

(Jn 19.31-37)

Una vez más, Juan percibe y expresa algunas ironías muy agudas respecto a la manera en la cual relata este momento.

- A los líderes judíos les preocupaba el *sabbat*, cuando el mismísimo Señor del *sabbat* estaba muriendo.
- A estos líderes les preocupaba no contaminar o profanar la tierra al tener muerte y sangre sobre ella (esa es la teología detrás de su pedido), cuando el mismísimo Creador derramaba su sangre para redimir a todo el mundo.
- A estos líderes les preocupaba la maldición de tener un muerto colgado de un «árbol» toda la noche (Dt 21.22-23), cuando Jesús moría bajo la maldición de Dios para levantar la maldición de la tierra y de nosotros eternamente.
- O tal vez estos líderes tenían apuro de prepararse para la Pascua y sacrificar a los corderos pascuales, cuando el Cordero de la Pascua de Dios ya había derramado su sangre.

Así que piden que se les rompa las piernas. Era para apresurar la muerte. Una vez que las piernas de un hombre crucificado se rompen, ya no puede levantarse para respirar. Entonces, colgando solo de sus brazos extendidos, muere mucho antes por asfixia. Los soldados entran en acción con su pesado mazo de hierro para aplastar las piernas de los otros dos criminales. Pero cuando llegan a Jesús, encuentran, sorprendentemente, que ya ha muerto. Como Juan ya nos dijo: Jesús entregó su espíritu. Nadie le quitó la vida; la entregó él mismo.

Entonces uno de los soldados le clava su larga lanza, solo para asegurarse de que Jesús está muerto. Perfora el costado de Jesús desde abajo. La punción de la cavidad torácica a través del diafragma, libera los glóbulos rojos y el suero que se habían separado por medio del sangrado interno causado horas antes por la flagelación y el daño a su pecho y órganos. Entonces el golpe de la lanza libera un chorro de sangre y agua.

Y Juan estaba allí, observando, atestiguando, y en el versículo 35 certifica lo que vio, como testigo de la muerte de Jesús. Los simples hechos proclaman que Jesús estaba indudablemente muerto, como lo confirmó Juan, los soldados (que sabían cuándo un hombre estaba muerto o no), y por la evidencia de la sangre separada del «agua». Jesús no se desmayó (y luego revivió en la frescura de la tumba, como sugiere una de las «explicaciones» más absurdas de la resurrección). Jesús estaba muerto. Ya no luchaba por respirar. No había necesidad de romperle las piernas.

La gente infiere muchos significados simbólicos en el agua y la sangre. Por ejemplo, el agua era un medio para la limpieza; y la sangre, el medio para la expiación. O podríamos pensar en la poesía del himno de August Toplady, *Roca de la eternidad*, con las siguientes líneas:

> *Agua y sangre de tu ser,*
> *Que de tu costado fue,*
> *Limpio mi pecado fue,*
> *De su culpa y poder.*[19]

Pero debemos atenernos al texto y escuchar al propio Juan. Pues nos dice explícitamente que las acciones de los soldados (no rompiéndole las piernas a Jesús, sino perforándole su costado) le recordaron a otras dos Escrituras.

Así que debemos volver la atención a las Escrituras para ver los últimos momentos de Cristo en la cruz con la doble óptica que Juan nos provee.

a) No le quebrarán ningún hueso

Juan registra, en primer lugar, que los huesos de Jesús no fueron quebrados. Y eso le recuerda a un pequeño detalle en la narrativa del

---

[19] N. de. E.: El texto original en inglés hacer referencia al himno clásico *Rock of All Ages*, cuya versión en español es *Roca de la eternidad*. La traducción del himno no refleja en lo absoluto la estrofa citada. Sin embargo, hemos incluido una traducción *ad hoc*.

éxodo y la Pascua. Las instrucciones de Dios, sobre el cordero de la Pascua, incluían este detalle: «Tampoco se le quebrará ningún hueso al animal sacrificado» (Éx 12.46). En el capítulo 1, hablamos sobre el significado de la Pascua. Cuando Dios envió su última plaga sobre los egipcios, es decir, la muerte de sus primogénitos, la Pascua se celebraría porque los israelitas no fueron tocados porque los protegía la sangre de un cordero pascual untada en los marcos de sus puertas. El festival anual de la Pascua recordaba y celebraba ese gran momento en la historia del éxodo.

Y así, Juan observa a Jesús morir fuera de las murallas de la ciudad, en el mismo momento en que los corderos de la Pascua están siendo sacrificados dentro de la ciudad de Jerusalén. La gente se está preparando para celebrar una vez más cómo Dios libró a su pueblo de la esclavitud. Y la mente de Juan se conecta con esa Escritura respecto al cordero pascual. Recuerda cómo Juan el Bautista señaló a Jesús como el Cordero de Dios que quita, no solo la esclavitud de su propio pueblo, sino, de hecho, el pecado del mundo entero (Jn 1.29, 36). Y ahora, aquí al pie de la cruz, Juan ve que se trata del momento de redención que supera incluso al éxodo. La muerte de Cristo, entonces, es el sacrificio por nuestros pecados que nos ha traído vida y salvación. Su muerte es ese «sacrificio completo, perfecto y suficiente, oblación y satisfacción por los pecados del mundo entero».[20] Se trata del verdadero Cordero pascual, sacrificado por nuestra salvación. Se trata del Cordero que estará de pie en medio del trono de Dios, rodeado de toda la compañía del cielo que cantará:

> Digno eres de recibir el rollo escrito
> > y de romper sus sellos,
> porque fuiste sacrificado,
> > y con tu sangre compraste para Dios
> > gente de toda raza, lengua, pueblo y nación.
> De ellos hiciste un reino;
> > los hiciste sacerdotes al servicio de nuestro Dios,
> > y reinarán sobre la tierra…

---

[20] De la liturgia anglicana para la Santa Cena del *Libro de Oración Común*.

> ¡Digno es el Cordero, que ha sido sacrificado,
>   de recibir el poder,
>   la riqueza y la sabiduría,
>   la fortaleza y la honra,
>   la gloria y la alabanza!…
> ¡Al que está sentado en el trono y al Cordero,
> sean la alabanza y la honra, la gloria y el poder,
>   por los siglos de los siglos!
>
> *(Ap 5.9-13)*

Y Juan dice: «Yo estuve allí. Lo vi. Lo escuché clamar: ¡Todo se ha cumplido! Vi como inclinó su cabeza y entregó su espíritu. Vi la sangre y el agua que fluyeron de su costado. Pero también vi que no tenía ningún hueso roto. Y les digo, él es el Cordero pascual de Dios. Quiero que vean lo que vi. Quiero que escuchen lo que escuché. Y quiero que crean lo que yo creo, para que al creer en Jesús puedan tener vida eterna en su nombre» (ver Jn 20.31).

b) Por el que traspasaron

Entonces no le quebraron ningún hueso, pero su costado fue traspasado. Y eso le recuerda a Juan otro texto del profeta Zacarías. Dios le dijo a Israel:

> Sobre la casa real de David y los habitantes de Jerusalén derramaré un espíritu de gracia y de súplica, y entonces pondrán sus ojos en mí. Harán lamentación por el que traspasaron, como quien hace lamentación por su hijo único; llorarán amargamente, como quien llora por su primogénito… En aquel día se abrirá una fuente para lavar del pecado y de la impureza a la casa real de David y a los habitantes de Jerusalén.
>
> *(Zac 12.10; 13.1)*

Dios había dicho que los pecados de Israel lo habían traspasado, es decir, a Dios mismo. Dios sintió que Israel lo había «apuñalado» con sus malos caminos. Es una metáfora muy vívida: Dios mismo herido por los pecados de su pueblo. Pero Dios promete que les dará tal espíritu de gracia que cuando miren a aquel a quien han perforado (es decir, Dios) llorarán y se lamentarán por lo que han hecho. Se trata, entonces, de un momento de arrepentimiento, que es seguido inmediatamente por una promesa de perdón, limpieza y curación. Y creo que así es como Juan quiere que interpretemos la profecía a la luz de lo que acaba de presenciar en la cruz: Dios mismo, en la persona de Jesucristo, ha sido traspasado; el acto fortuito del soldado romano ejemplifica lo que el pecado y la maldad humana han hecho con el Señor nuestro Dios y Creador.

Ese es el texto de Zacarías que cita Juan. Pero Apocalipsis lo amplía con un lenguaje similar:

> ¡Miren que viene en las nubes!
> Y todos lo verán con sus propios ojos,
> incluso quienes lo traspasaron;
> y por él harán lamentación
> todos los pueblos de la tierra.

(Ap 1.7)

Este texto inspiró a Charles Wesley a escribir su gran himno de adviento: *Ved del cielo descendiendo*. No sé ustedes, pero a mí me resulta imposible cantar la segunda estrofa de este himno:

> *Vedle todo revestido*
> *de divina claridad,*
> *los que le habéis vendido,*
> *los que con atrocidad,*
> *y escarnio*
> *le llamasteis malhechor*

Encuentro esta estrofa problemática, primero, porque me parece demasiado horrible *cantar* sobre tal situación. Pero también es problemático porque parece sugerir que solo los judíos que crucificaron a Jesús llorarán con remordimiento porque reconocerán a Jesús demasiado tarde. Refuerza el prejuicio de que «los judíos tienen la culpa» de la muerte de Cristo, y que un día se darán cuenta de la verdad cuando sea demasiado tarde para arrepentirse. Esta manera de pensar me parece que se excede respecto a lo que Juan ve en este momento.

Fíjense que cuando consideramos el contexto de la cita de Zacarías que acabamos de leer, es probable que Juan haya tenido la intención de que la Escritura sea interpretada como una oración y una esperanza de que los que fueron los *causantes* directos de la muerte de Cristo lloren arrepentidos y *sean salvos* por la muerte de Cristo. Eso es lo que Juan anhela al escribir todo su Evangelio. Y, de hecho, en sus siguientes versículos Juan señala a algunos de los líderes judíos que respondieron de manera muy distinta a los que condenaron a Jesús a la muerte. En Juan 19.38-42 nos encontramos con José de Arimatea y Nicodemo, que actuaron con amor y fidelidad hacia Jesús. De hecho, «lo miraron» y lloraron y se afligieron por su muerte, pero lo hicieron con fe y su fe fue recompensada con la resurrección de Jesús.

Pero, a fin de cuentas, ¿*quiénes* «atravesaron y clavaron al árbol» a Jesús? ¿Podemos culpar solamente a los judíos que lo condenaron y a los romanos que lo crucificaron? Claro que no.

> Él fue traspasado por nuestras rebeliones,
> y molido por nuestras iniquidades;
> sobre él recayó el castigo, precio de nuestra paz,
> y gracias a sus heridas fuimos sanados.
>
> *(Is 53.5)*

Fue mi pecado lo que lo mantuvo allí. Fue tu pecado lo que lo mantuvo allí.

Y Juan dice: «Míralo, míralo y llora. Pero permite que ese llanto sea de arrepentimiento y te lleve a la fe en Cristo y hacia una vida eterna por medio de él».

Bueno, ahí lo tienen: el retrato de Juan acerca del sufrimiento y la muerte de Jesús está completo. Nos ha llevado dentro de la conciencia de Jesús y nos ha mostrado que Jesús sabía que su muerte no era un fracaso y una derrota, sino el logro más grande de la historia, cumpliendo con el plan de Dios para toda la creación. Luego, Juan nos puso en el lugar de los testigos, permitiéndonos ver lo que él vio. Y mientras contemplamos la escena a través de los ojos de Juan, también la vemos a través de los lentes de las Escrituras que Juan menciona. Nos insta a que entendamos la muerte de Jesús como el sacrificio de Dios mismo, el autosacrificio del Cordero de Dios que carga sobre sí mismo el pecado del mundo, para que tengamos vida y salvación.

Él por mí quiso morir,
Hoy por Él puedo vivir,
Quiero solo a Él servir,
¡Aleluya! ¡Es mi Cristo![21]

---

[21] Cita original del himno inglés, *Man of Sorrows! What a Name*, cuyo autor fue Philip Bliss. Versión en español, *El varón de gran dolor*, trad. H.C. Ball. N. del E.: Por lo general, ha habido mucha licencia poética en la gran mayoría de traducciones de los himnos clásicos ingleses al español. Es decir, no concuerdan con exactitud. Mientras que el contenido de los himnos ingleses tiende a ser más teológico (sin desmerecer el sentimiento), las traducciones al español reflejan más los sentimientos de la experiencia de conversión evangélica.

Capítulo 6

Un comentario personal

Dado que ofrezco este libro para compañeros peregrinos en la aventura de la predicación bíblica, puede ser útil agregar un capítulo de reflexiones sobre cómo me preparé para predicar los sermones de los cinco capítulos anteriores (¡hasta donde puedo recordar!). Comenzaré con algunos comentarios generales y luego pasaré a comentarios específicos respecto a cada sermón.

1. Comentarios generales

a) *El contexto en la iglesia de* All Souls

Se preparó cada uno de los cinco sermones para la iglesia de *All Souls*, Langham Place, durante la época de la Pascua en diferentes años. Este dato es importante por varias razones.

Primero, los textos bíblicos me fueron asignados; yo no los elegí. Formo parte del equipo de predicación de *All Souls*, pero la planificación de la serie de sermones, y la elección de los textos en relación con cada sermón de una serie son responsabilidad del Rector (primero Richard Bewes y luego Hugh Palmer). Es posible que, si la elección del texto hubiera sido mía, habría elegido un texto distinto o una sección más corta de los capítulos pertinentes en cada uno de los cuatro Evangelios. A veces uno recibe un pasaje que parece demasiado largo para un solo sermón. Sin embargo, que a uno le pidan predicar sobre un texto dado es una disciplina muy útil y desafiante. ¡Te fuerza a estudiar cuidadosamente ese pasaje, y sin quejas!

En segundo lugar, los sermones en *All Souls* son usualmente de treinta a treinta y cinco minutos, y la congregación espera ello.

¡Entonces si los sermones que leíste te parecieron un tanto más largos o pesados que lo que esperarías predicar en tu propia iglesia, por favor entiende el contexto de los originales!

En algunos casos el material podría dividirse en varios sermones y podría abarcar varias semanas.

Tercero, la mayoría de los que se reúnen en las congregaciones de *All Souls* ya son creyentes cristianos, aunque de una amplia gama de nacionalidades y culturas. Siempre estamos conscientes de que también habrá no creyentes en la congregación, algunos invitados por los miembros de la iglesia, otros simplemente visitantes curiosos. Entonces, en nuestra predicación tratamos de incluir cierto elemento de desafío evangelístico y una invitación. Sin embargo, el ministerio expositivo de predicación bíblica en *All Souls* no es *principalmente* evangelístico (excepto en cultos especiales para invitados o eventos similares). El énfasis más fuerte está en enseñar y nutrir a los creyentes en su fe, profundizar su comprensión de la Biblia y, mediante aplicaciones pertinentes, alentarlos y equiparlos para la obra misionera en el mundo. Por consecuencia, en mis sermones «en torno a la cruz», inevitablemente el llamado evangelístico del Evangelio brilla por sí solo; pero mi objetivo principal ha sido dirigir a los creyentes hacia una comprensión más profunda del amor y la gracia de Dios en el calvario. Mi objetivo ha sido ayudarlos a apreciar cómo los escritores del Evangelio retratan ese evento con tal sencillez y, sin embargo, con tantas alusiones al Antiguo Testamento. Porque las Escrituras les proporcionaron los lentes por medio de los cuales vieron e interpretaron lo que describieron.

b) Mi propia preparación

Así como con todos mis sermones bíblicos, el trabajo comienza con una lectura cuidadosa del texto bíblico completo, junto con su contexto más amplio. Hago esto unas cuantas veces. Por lo general intento hacerlo con distintas traducciones, y normalmente leo el pasaje también en mi Nuevo Testamento en griego. Cuando un pasaje bíblico nos es muy familiar, como sin duda lo son las historias del sufrimiento y la muerte de Jesús, es importante no solo leer pensando: «he leído todo esto antes». El trabajo de leer el pasaje en griego (¡si puedes hacerlo, por supuesto!) te obliga a pensar en las distintas maneras en que ha sido traducido a tu propio idioma, y a considerar el por qué de las variantes.

A veces intento leer un texto imaginando que lo estoy leyendo por primera vez, preguntándome qué me podría sorprender o parecer inusual o qué parte necesitaría más explicación. Y en esta lectura y relectura inicial mantengo una oración constante en mente: pido a Dios que mediante el Espíritu Santo me muestre qué quiere que yo vea en este texto; que pueda escuchar lo que él quiere que yo escuche y saber lo que él quiere que diga cuando llegue el momento de predicarlo.

En la Biblia que utilizo para este tipo de estudio, libremente subrayo palabras repetidas, trazo líneas para indicar las conexiones que observo, escribo notas en los márgenes, etc. Tengo un cuaderno, que uso para la preparación de mis sermones, en donde anoto cualquier observación más larga que surge durante esa fase de lectura. Mis cuadernos de apuntes para sermones (he usado muchos a lo largo de los años) son por lo general pequeños y delgados para que pueda transportarlos fácilmente junto con mi Biblia, en especial si estoy viajando en las semanas antes de predicar, y continúo haciendo anotaciones a medida que voy reflexionando sobre el pasaje.

En este estudio inicial del pasaje, trato de discernir la estructura interna del texto, el punto principal al que apunta el autor, y cualquier patrón, contraste, comparación o conclusión que perciba como obvia. Me parece que mucho del arduo trabajo de preparación se encuentra en esta etapa, en la cual uno va masticando el texto una y otra vez, tratando de «entrar» en él y ver que hay «debajo» del mismo.

Con pasajes del Nuevo Testamento, y especialmente en los Evangelios, casi siempre habrá alusiones a las Escrituras del Antiguo Testamento. Algunos de estas las puedo detectar de inmediato (¡especialmente si el escritor tiene la amabilidad de indicar que está citando!); otros se encuentran en las notas de referencia de mi Biblia. Así que otra tarea de preparación es leer también aquellos pasajes del Antiguo Testamento, y ver por qué el escritor del Evangelio los ha citado o por qué ha aludido a ellos. ¿Qué había en la mente del autor? Usar esta Escritura como lente, ¿cómo afecta la manera en la que el autor quiere que «veamos» el evento que está describiendo o las palabras que uno de los personajes de los Evangelios está diciendo? Mientras descubro y tomo notas de estos pasajes del Antiguo Testamento, también trato de decidir si debo incluirlos *en mi sermón*, para que la congregación escuche la resonancia total del texto del Nuevo Testamento, o si ello quizá los distraiga demasiado o tal vez haya demasiados detalles para incluir en un sermón. Nunca es fácil tomar esa decisión, pero tenemos que ser disciplinados. Recuerda que no podemos incluir en un sermón todo lo que hemos descubierto sobre un pasaje en particular. Necesitamos seleccionar lo que será más útil para que las personas puedan entender y recordar bien el sermón.

En algún momento del estudio del pasaje bíblico, empezaré a escribir ideas sobre la estructura del sermón, algunos títulos cortos o puntos principales, organizados en torno a lo que creo que será el punto central del sermón. Quizá haga muchas modificaciones, según se me van ocurriendo nuevas ideas. Básicamente estoy apuntando a algo corto (sin muchos subtítulos, y con pocas palabras) y fácil de recordar.

Luego recurro a cualquier comentario que tenga sobre ese libro de la Biblia. Algunos tenemos la bendición de tener muchos, algunos tenemos solo unos pocos y algunos tenemos solo uno o un comentario de toda la Biblia en un solo volumen. Pero la cantidad no importa. Es lo que uno hace con lo que tienes lo que cuenta. ¡Y lo que uno *no debe hacer* es tratar de incluir en su sermón todo lo que lee en un comentario! Leer comentarios bíblicos puede ser fascinante, y uno aprenderá cosas que antes no sabía, por ejemplo, sobre el trasfondo o la cultura del libro. Pero para cada punto de información que uno descubre tiene que decidir: *¿es o no es pertinente* para los puntos principales que quiere transmitir en el sermón? Una vez más es cuestión de disciplina y selección. Lo que es realmente útil puede ser incorporado. Lo que es simplemente fascinante debe ser dejado de lado. La gente puede meter muchas cosas distintas en un libro, pero para cada uno de nuestros sermones debemos atenernos al objetivo principal de ese sermón.

Mientras leo mis comentarios bíblicos sobre el pasaje, tomo notas en mi cuaderno, generalmente notas muy rudimentarias, con el nombre del escritor y los números de página como encabezado, para volver a encontrarlo si lo necesito o si quiero citar algo en el sermón mismo. Cuando termino de leer lo más que pueda, me siento, leo de nuevo el texto de la Biblia, y luego hojeo todas mis notas para ver si alguna se destaca como realmente merecedora de ser incluida en mi sermón. Si es así, la marco con un asterisco rojo, para no perderla de vista después. Pero, como mencioné antes, mucho de lo que anoté como notas rudimentarias (porque las encontré interesantes) nunca entrará en mi sermón, pero de todos modos habrá sido útil para mi propia comprensión más profunda del pasaje.

A continuación, sigue la parte más difícil (por lo menos para mí): desarrollar una estructura para el sermón. Esto involucra más oración, «repasar mis ideas» mentalmente con el Señor y pedir su ayuda para que esta parte de su Palabra sea clara para mí y, por medio de mí, también para aquellos que escuchen el sermón. Usualmente esta etapa involucra, para mí, bastante caminar de aquí para allá. Encuentro que caminar de un lado para el otro me ayuda a ordenar mis ideas. Si estoy a solas, a menudo me hablo a mí mismo mientras voy pensando, lo cual me ayuda a clarificar mis ideas (¡si mis ideas suenan descabelladas, probablemente lo son!). Poco a poco emerge una estructura, los puntos son más claros, los subtítulos empiezan a aparecer, y anoto todas estas ideas como un bosquejo. Esta parte de la preparación es normalmente la más larga y «aterradora». De alguna manera mientras más uno lee y piensa sobre un pasaje, más le viene la idea: «¿Como voy a poder predicar esto? ¿Cómo puedo «capturar» todo esto en un sermón? ¿Cuál será mi punto central, y cómo puedo hacer para que todo encaje bien? Nunca es fácil, pero cuando el Señor comienza a responder tus oraciones desesperadas y una estructura comienza a emerger, el proceso es muy satisfactorio porque es, quizás, la parte más creativa del proceso.

Entonces generalmente garabateo una versión borrador del sermón (en mi pequeño cuaderno de apuntes para sermones). Si es posible, lo dejo allí por unos días antes de escribir la versión final de lo que predicaré. Esa versión final la escribo a mano en un cuaderno que uso especialmente para sermones que cabe cómodamente en un púlpito o atril, al lado de mi Biblia.

Sé que muchas personas ahora predican con notas impresas o en tabletas digitales. Personalmente encuentro que mis notas escritas a mano me son más útiles a la hora de predicar. No sé por qué es así; ¡puede que tenga que ver con los enlaces entre mi propia mano, mis ojos, mi cerebro y mi boca!

Mis apuntes para el sermón son bastante completos. No son un guion palabra por palabra que simplemente leo en voz alta; pero tampoco son encabezados que voy rellenando mientras predico con lo que tengo en mi cabeza.

Me gusta tener notas claras de lo que he preparado para decir —así no me pierdo—, pero con suficiente libertad para poder expandir o enfatizar algo por aquí y por allá mientras predico, sabiendo que el Espíritu Santo usualmente tendrá más que decir que lo que he preparado por adelantado; y estoy abierto a ello.

En los seminarios de Langham Predicación a menudo digo a las personas que, cuando predicas, hay tres personas en el púlpito (dos realmente presentes, y una en la imaginación). Estas tú, claro. Tú eres la persona visible, a quien las personas están viendo y escuchando. Eres quien ha hecho todo el trabajo difícil de preparación y tienes un mensaje por el cual has orado. Así que habla de manera clara, con confianza y humildad. También está el Espíritu Santo (yo me lo imagino detrás de mi hombro izquierdo). Él es el autor de la Palabra que estás predicando. Él hizo que se escribiera, traduzca, copiara, imprimiera y este accesible hoy en día para su pueblo, y él quiere hablar a los corazones de las personas mediante su Palabra, por medio de tus palabras. ¡Qué responsabilidad y qué privilegio! Y, en tercer lugar, está el autor original del pasaje bíblico que estás predicando. Yo me lo imagino detrás de mi hombro derecho. Mi esperanza sería que, mientras predico, él esté moviendo su cabeza en aprobación, aceptando que lo que estoy predicando es (más o menos) lo que quería decir. (Por lo menos espero que no esté moviendo su cabeza en desesperación, pensando, «¡No, no, no! ¡Eso no es lo que quise decir! ¡Por favor cállate y siéntate!).

Solo me resta un último acto de preparación que viene inmediatamente antes de predicar. Durante el himno o la canción antes de mi sermón, normalmente me arrodillo por un momento para orar. Mi oración casi siempre es algo así: «Dios, esta es tu Palabra, y este es tu pueblo, soy solamente tu portavoz en los siguientes minutos. Por favor haz que tu Palabra cobre vida. Ayúdame a ser claro. No permitas que me pierda. Ayúdame a cuidar mi tiempo. Haz tu labor, para tu propia gloria y por Cristo. Amen».

2. La última cena (Mt 26.17-30)

a) El contexto general

Cuando me dieron este pasaje, primero leí todo el capítulo, Mateo 26. Noté que, aunque la segunda mitad trataba sobre el arresto y el juicio de Jesús, la primera mitad estaba llena de diferentes escenas de creciente tensión y peligro en los dos días anteriores. Entonces quería ayudar a la gente a ver que la escena de la última cena y las famosas palabras de Jesús aparecen sobre un fondo muy oscuro y amenazante. Y, particularmente, noté que el relato de esa última comida de Jesús con sus discípulos está rodeado en ambos lados por las acciones pecaminosas de sus discípulos: el plan de Judas para traicionarlo (26.14–16), y la predicción de que Pedro lo negaría (26.31-35). Creo que Mateo probablemente hizo esto deliberadamente, mostrando que la muerte de Jesús (su cuerpo y sangre) fue precisamente por este tipo de pecados. Sus propios discípulos eran pecadores como el resto de nosotros, y Jesús lo sabía. Necesitamos ponernos en su lugar y comprender nuestra propia necesidad de perdón, de eso trata toda esta historia.

b) Explicando la Pascua

Los primeros lectores de Mateo habrían sabido exactamente lo que sucedía cada año en los hogares judíos durante la Pascua, toda la preparación que debía hacerse y cómo se organizaba la comida. Y, dado que la mayoría de ellos habrían sido judíos, también habrían sabido por sus Escrituras (nuestro Antiguo Testamento) respecto a la importancia de este evento anual. Pero como hoy muchas personas no conocen estas cosas, sentí que era importante pasar un poco de tiempo pintando esta escena, ayudando a las personas a comprender lo que estaba sucediendo en la habitación superior, y por qué. Al hacerlo, esperaba involucrarlos, captando su imaginación, con la escena y cómo la describe Mateo.

Al explicar la importancia del evento en la segunda sección del sermón, también estaba pensando en el final de mi sermón, donde planeaba recordar a los cristianos que también nosotros celebramos el gran acto de Dios para nuestra redención, y hacer el enlace entre la fiesta de la Pascua y nuestra celebración de la cruz de Cristo cuando compartimos la santa comunión. Entonces, deliberadamente quería aumentar la apreciación de mis oyentes hacia el significado bíblico de este sacramento, porque puede convertirse en solo un ritual más de la vida de la iglesia, en el que se participa sin mucho entendimiento.

c) Las palabras de Jesús

En los versículos 26.21-29, Jesús es el orador principal. Mientras estudiaba el flujo de lo que decía, me pareció que se podía dividir en tres secciones:

- Lo que dijo respecto a Judas (y a este), quien lo traicionó (26.21-25)
- Lo que dijo sobre el pan y el vino, en relación con su propio cuerpo y sangre (26.26-28)
- Lo que dijo sobre el futuro gozo del reino de su Padre (26.29)

Así que lo dividí en esas secciones y pasé un tiempo explicando cada una de ellas.

Naturalmente, me concentré más en las denominadas «palabras de la institución» —lo que Jesús dijo sobre el pan y el vino. Como estas palabras son tan familiares para los cristianos que participan regularmente de la Santa Cena, quería enmarcarlas en su contexto original, en medio de una cena pascual. Me gusta intentar dar vida a la Biblia e involucrar la imaginación de las personas, ayudándolas a entrar «en la escena», y ver y escuchar lo que estaba sucediendo. Y también quería mostrar cómo las palabras sobre su sangre aludían a textos específicos del Antiguo Testamento que son muy importantes para saber cómo Jesús quiso que sus palabras fueran entendidas.

Una vez más, cuando una parte de la Biblia nos ayuda a comprender otra, creo que debemos usarla y ayudar a nuestros oyentes a ver las conexiones. Así que esta sección del sermón tenía un propósito predominantemente didáctico.

d) La conclusión

En la sección final del sermón, mi objetivo era ayudar a las personas a entender que participar de la Santa Cena es importante para nosotros. Debemos celebrar el evento histórico de la cruz con tanta alegría y gratitud como los israelitas celebraron el éxodo. Todo es parte de una gran historia —la historia bíblica de la redención, que incluye el Antiguo y el Nuevo Testamento.

Podría haberme detenido allí, pero sentí que no podía dejar de lado el último detalle que aparece en el pasaje que me dieron, el versículo 30: «Después de cantar los salmos, salieron al monte de los Olivos». Una vez más, muchos cristianos de hoy no están familiarizados con la Pascua judía y el hecho que, casi al final, recitan una sección del libro de los Salmos conocida como «el gran Hallel». Es casi seguro que esto es lo que Jesús y sus discípulos cantaron cuando dejaron la comida y caminaron por la ciudad, y hacia las afueras de la ciudad, conociendo el peligro que corría Jesús debido a que las autoridades lo querían arrestar.

Así que recurrí a esos salmos (Sal 113–118) y los leí lentamente, tratando de imaginar lo que hubiera significado para el propio Jesús repetir y cantar esas palabras. ¿Qué emociones llenaron su corazón y su mente? ¿Qué oraciones hizo a su Padre? Bueno, sabemos lo que oró en el jardín de Getsemaní, pero ya había llenado su mente con estas palabras de los salmos. Y mientras yo hacía esto, varios pensamientos me impactaron, los cuales incorporé a las palabras finales de mi sermón. Me pareció que estaba terminando el sermón de la misma manera que Mateo terminó su relato de la Última Cena.

3. La negación de Pedro (Mt 26.69-75)

Aunque el texto que me dieron para predicar era Mateo 26.69–75, me pareció desde el principio de mi preparación que este evento fue claramente importante, dado que aparece en los cuatro Evangelios con bastante detalle. Entonces sentí que debía señalar esto y preparar mi predicación a partir de los distintos relatos del evento. No hago ello a menudo. Pienso que, cuando predicamos de un pasaje específico del Evangelio, debemos tratar de enfocarnos en el énfasis distintivo que el autor del Evangelio le quiso dar. Pero en esta ocasión, sentí que estaba bien utilizar todo el material, incluso del Evangelio de Juan, para dar a las personas el «sabor completo» de un evento que habla con mucha fuerza —espiritual y emocionalmente— aún hoy en día.

a) Contrarrestando el culto al éxito

La segunda cosa de la que estaba muy consciente en mi preparación fue cuánto de nuestras culturas (particularmente en Occidente, pero se está extendiendo) están orientadas al éxito. Hemos convertido el éxito y la fama en ídolos. Héroes deportivos, estrellas de cine y televisión, los híper ricos y famosos —esas personas llenan nuestros medios de comunicación. Y luego está toda la presión para tener éxito en los negocios, en el sexo, en la paternidad, en el colegio y la universidad. El estrés causado por el miedo al fracaso comienza muy temprano en la vida y puede ser implacable. La idolatría al éxito puede ser terriblemente destructiva y costosa. Los falsos dioses siempre lo son.

Esa misma idolatría puede también invadir nuestras vidas espirituales. Queremos ser «cristianos exitosos». Queremos ser triunfadores, no fracasados. Queremos que los demás nos vean que «el Señor nos usa poderosamente». Así que el miedo al fracaso —y el hecho de fracasar— puede ser devastador.

Así que me parece que la historia del terrible fracaso de Pedro, en el momento más crítico de la vida de Jesús aquí en la tierra, se narra, por lo menos en parte, para ayudarnos a reconocer la realidad del fracaso, y para ver la manera en que Jesús lidió con el fracaso —en el caso de Pedro. Quería que el sermón fuera honesto y veraz, para ayudar a la gente (y también a mí como predicador) a encarar al fracaso, y a experimentar el perdón y la gracia de Dios de una manera que solamente puede ocurrir cuando somos lo suficientemente honestos para aceptar la verdad en la presencia del Señor Jesús mismo (como Pedro lo hizo).

Ya que el tema es muy serio y la prédica tendría secciones bastante difíciles y emocionales, decidí comenzar con algo más ligero. *El libro de los fracasos heroicos* me permitió hacerlo, y leí algunas secciones de ese libro. Pero luego pase del lado chistoso del fracaso al hecho de que por lo general el fracaso no es nada gracioso, para luego pasar directamente a Pedro.

b) Reviviendo la escena

Creo que siempre es importante, con cualquier texto narrativo (del Antiguo o del Nuevo Testamento), ayudar a las personas a entrar en la historia y «sentirla», no solamente leerla. Así que, en la primera parte del sermón intenté hacer eso señalando algunos de los sorprendentes contrastes e ironías en la manera en que se cuenta la historia. El fracaso de Pedro es sorprendente e impactante, y quería que la gente experimentara algo de esa emoción. Mientras revisaba la lista de elementos en esa parte del sermón, hice referencia a los versículos pertinentes que ilustraban cada punto. Era una manera de sumergirnos en el texto mismo y recordar la historia en detalle.

c) Enfrentando los hechos

Esta era la parte del sermón en la que quería que las personas fueran honestas y pudieran reconocer que el fracaso es parte de la vida —¡y que Dios lo sabe! También quería predicar en contra de la «cultura del éxito» que puede caracterizar fácilmente ciertos tipos de alabanza y vida eclesial. Hay muchas personas que han dejado la iglesia porque sus sentimientos de fracaso no encajan con la constante celebración de grandes testimonios y milagros, o porque no hay una verdadera atención personal a las realidades de sus vidas.

d) Presentando a Jesús en la escena

Me pareció notable que, en los cuatro Evangelios, Jesús predice la negación de Pedro. Es como si Dios quisiera decir: «Puede ser que estés sorprendido por el fracaso de Pedro, pero yo no lo estaba. Jesús lo sabía». Y esta parece ser una pista importante sobre la manera en que la historia conduce a la restauración de Pedro. Experimentamos un gran alivio al darnos cuenta de que nuestros pecados y nuestros fracasos, aunque, por supuesto, entristecen a nuestro Señor, no lo sorprenden. Él sabe lo que somos. Él conoce nuestra debilidad. ¡Y él puede lidiar con todo ello!

Así que, la última parte del sermón se enfocó en la manera en que Pedro fue restaurado —mediante la oración y las preguntas de sondeo de Jesús. Ahí es donde me enfoqué en el relato de Juan, que parece mostrarnos que Juan fue testigo del terrible fracaso de Pedro y su posterior restauración, cuando pudo decirle a Jesús que él lo amaba, la misma cantidad de veces que lo había negado.

Entonces, la historia y el sermón terminan con el fracaso perdonado.

No suelo terminar mis sermones con un llamado a aceptar a Jesucristo. Pero en esta ocasión hice que la oración final fuera una oportunidad para que las personas fueran francas y honestas en la presencia de Dios, confesaran su fracaso y debilidad, y pidieran el perdón de Dios. No se trató tanto de un llamado evangelístico sino un momento para que los creyentes regresaran a una relación sincera y genuina con Dios y conocieran su perdón.

4. Insultos y paraíso (Lc 23.26-43)

En esta ocasión quería mantenerme muy cerca al relato de Lucas, y tratar de extraer la manera singular en la cual él cuenta la historia de la crucifixión. Este sermón fue parte de una serie, en las semanas antes de la Pascua, en la cual diferentes predicadores abordaron secciones de Lucas 22–24. Así que mi sermón abarcó solamente los versículos 26 al 43 del capítulo 23.

a. *Separando las escenas*

Recuerdo haber leído el pasaje una y otra vez, tratando de «meterme» y de discernir qué es lo que Lucas trataba de decir mediante su mezcla de descripción, citas bíblicas y diálogos entre sus personajes.

Lo primero que noté fue que Lucas nos lleva a través de cuatro escenas con cuatro diferentes grupos de personajes. Si uno lee el texto como si fuera un guion de película, puede darse cuenta dónde la cámara «cambia de ángulo» —cuando de repente gira hacia un nuevo personaje o escenario. ¿Qué es lo que el director quiere que veamos y escuchemos al cambiar de escenario? Esto es lo que vi y «escuché» mientras leí la narrativa con ese tipo de imaginación:

- El diálogo con las mujeres camino a la crucifixión
- Las acciones de los soldados mientras crucificaban a Jesús
- Las burlas de los espectadores y de otros
- El diálogo con los delincuentes a cada lado de Jesús

Pero en cada caso, noté que Lucas, ya sea explícitamente o con alusiones intencionales, hace que sus lectores recuerden pasajes del Antiguo Testamento que dan significado a cada una de las escenas —un significado más profundo, más allá de los simples hechos que vemos con nuestros «ojos» cuando leemos el texto. Lucas es un autor muy hábil. Escribe de una manera que incluso un niño puede entender — simplemente cuenta la historia de lo que sucedió durante esas terribles horas en el Calvario. Pero lo hace de tal manera que aquellos que conocen las Escrituras del Antiguo Testamento pueden escuchar las alusiones importantes, y así ver debajo de la superficie de los simples hechos.

Así que decidí seguir la secuencia de Lucas y sacar a la luz aquellos textos del Antiguo Testamento. Creo que, por lo general, es bueno hacer conexiones entre el Antiguo y Nuevo Testamento porque ayuda a profundizar nuestro entendimiento de la Biblia como un todo —y me pareció una buena oportunidad para hacerlo, ya que Lucas parece esperar que sus lectores lo hagan. Esta es la razón por la que las llame «cuatro escenas llenas de Escritura».

b) Encontrando las repeticiones

Lo siguiente que noté es que Lucas utiliza la misma frase tres veces:

- «que se salve a sí mismo…»
- «sálvate a ti mismo…»
- «¡sálvate a ti mismo y a nosotros!»

Ese tipo de repetición difícilmente es accidental. Lucas está enfatizando algo. ¿Qué es?

El punto es seguramente que todos alrededor de la cruz se estaban burlando de Jesús, instigándolo a salvarse a sí mismo de la cruz, pero pensando, claro está, que no había forma por la cual él pudiera hacerlo, ahora que estaba clavado allí. Pero, como Jesús había dicho cuando fueron a arrestarlo, él podía haber llamado a un batallón de ángeles para que lo rescate en cualquier momento. Él *pudo haberse* salvado a sí mismo. Pero eligió no hacerlo. Lucas está dejando muy en claro que, para salvarnos, Jesús *eligió* no salvarse a sí mismo. Jesús eligió dar su vida por nosotros, y no salvarse a sí mismo de la cruz.

Así que, en mi sermón, expliqué este punto de la manera más firme posible. Y la manera de hacerlo era observando la repetición de palabras que me alertaron a ello. Cuando un autor bíblico repite una palabra o frase en el mismo pasaje, por lo general vale la pena prestarle atención y preguntarnos: ¿Por qué? Con hacernos esa sola pregunta a menudo podemos descubrir algunos de los significados más profundos del pasaje que el autor quiere que veamos.

c) Escuchando a Jesús

Hay siete frases de Jesús en la cruz —palabras que dijo antes que lo crucificaran. Dos de ellas aparecen aquí en el Evangelio de Lucas. Parecía correcto analizarlas y destacarlas en mi sermón. Una de ellas fue su oración por los soldados: «Padre perdónalos, porque no saben lo que están haciendo». La otra fue su promesa al criminal arrepentido: «En verdad te digo: hoy estarás conmigo en el paraíso». Una oración y una promesa, y ambas maravillosas e inseperadas. ¿Cómo las deberíamos entender y qué nos enseñan hoy en día?

Así que mi sermón se convirtió en «cuatro, tres, dos»; y simplemente concluí diciendo que todo se dirigía a una cosa: el verdadero significado de la Pascua, visto desde los ojos de Lucas.

5. De la oscuridad a la luz (Mr 15.33-39)

Una vez más, este sermón fue parte de una serie de sermones sobre los relatos de la cruz y la resurrección en el Evangelio de Marcos. La serie, a cargo de varios miembros del personal de *All Souls*, fue predicada en las semanas previas a la Pascua y durante la Semana Santa (la semana inmediatamente anterior al domingo de Pascua). En esta ocasión me tocó la sección de Marcos 15 que describe la crucifixión en sí. Así que me enfoqué solo en esa parte y traté de discernir la manera en que Marcos quiere que «veamos» y entendamos aquel evento.

a) Observando una transición

Al leer el pasaje una y otra vez, me sorprendió notar que comienza con una sorpresa —¡oscuridad al mediodía! Pero luego termina con una especie de luz en la mente del centurión romano, cuando exclama: «¡Verdaderamente este era el Hijo de Dios!», algo que Marcos ha estado queriendo que sepamos y creamos desde el inicio de su Evangelio. Qué increíble que sea un centurión romano el que tiene ese momento de lucidez, mientras los demás siguen en la oscuridad de la duda y la burla.

Así que decidí usar esa transición, de la oscuridad a la luz, como estructura para todo el sermón.

b) Completando las partes

Habiendo decidido la estructura, me pregunté: ¿Cuáles son las distintas clases de oscuridad que hubo en estas tres horas —tanto en la naturaleza misma como en la conciencia de Jesús? Y segundo: ¿hacia qué tipo de luz nos dirige Marcos al describir algunas de las cosas que sucedieron en torno la muerte de Jesús? Como puedes leer en el sermón, sentí que había cuatro elementos en cada caso.

En solo uno de esos ocho puntos sentí que estaba usando algo de imaginación o conjetura. En todos los demás, estoy seguro de que Marcos estaría de acuerdo con los diferentes puntos que hago sobre la naturaleza de la oscuridad y el albor de la luz de la salvación. El punto que es más una «conjetura» mía es el primero: «Bajo la oscuridad», donde sugiero que una parte del significado de la oscuridad fue que cobijaba a Jesús de la humillación pública que ya había durado tres horas. Cuando el sol dejó de brillar, Jesús estaba bajo «el manto de la oscuridad». Probablemente sería ir muy lejos sugerir que ese fue el *propósito* de Dios al oscurecer el sol, pero ciertamente fue parte del *efecto*. Y no creo que me equivoque al imaginar esto, que cuando oscureció la burla de la gente probablemente se convirtió en asombro y temor. Entonces, mientras lees el sermón en ese momento, puedes decidir si mi interpretación es aceptable o demasiado fantasiosa. A veces la predicación bordea la línea entre lo que es claro como cristal en el texto y lo que viene de usar un poco de imaginación al leerlo. Debemos tener cuidado de no desviarnos demasiado hacia lo segundo. Estoy dispuesto a que me digan que tal vez di en el blanco en esta ocasión: ¡ustedes decidan!

c) Sondeando el misterio

Marcos registra la declaración más terrible de Jesús en la cruz: «¡Dios mío, Dios mío, ¿Por qué me has abandonado?». Marcos dice que Jesús gritó esto en el clímax de las horas de oscuridad. En cualquier sermón sobre la cruz es ciertamente vital prestar atención a las palabras que Jesús pronunció, así que dediqué una gran porción del sermón a explorar este clamor.

En este punto, estaba muy consciente de que la gente podría confundirse fácilmente entre lo que Jesús quiso decir y lo que realmente sucedió. Algunas personas dicen que Jesús solamente experimentó un sentimiento subjetivo de abandono. Pero creo que fue mucho más que ello, y necesitamos tratar de entender teológicamente que Jesús realmente pasó por lo que nosotros deberíamos haber pasado por causa de nuestro pecado. Nunca podremos entender completamente lo que significó estar separado de Dios, pero creo que es importante que lo afirmemos y sepamos que fue por nosotros. Jesús lo experimentó para que nosotros nunca tengamos que hacerlo, si confiamos en él. Así que dediqué bastante tiempo explicando ese punto, lo mejor que pude.

¡Resulta que me gusta mucho la poesía y los himnos! Y muchos en la congregación de *All Souls* son de una generación que también los aprecian. Así que les leí un poema de Don Carson sobre el clamor de Jesús. Me pareció apropiado porque también va de la oscuridad a la luz, aunque estoy muy consciente de que no puede traducirse a la perfección a otros idiomas.

d) Disfrutando de la luz

Ya que se conoce muy bien que el clamor de Jesús proviene del primer versículo del Salmo 22, pensé que era importante decir que Jesús probablemente tenía todo el Salmo en mente mientras estaba colgado en la cruz. Es un salmo que pasa de una terrible agonía y sufrimiento a increíbles elogios y esperanza en la segunda mitad. Por lo tanto, es muy probable que el «fuerte grito» que Marcos describe cuando Jesús «expiró» (15.37) fueron las palabras que Juan registra: «Todo se ha cumplido» —aludiendo al último versículo del Salmo 22, el logro victorioso de Dios que traerá alegría y vida a toda la creación. Así que terminé el sermón con una nota muy positiva.

En mi última sección hay un punto que admito se lo debo a uno de los comentaristas que leí: la manera en que Marcos utiliza el verbo «rasgar» dos veces, cuando los cielos se rasgan en el bautismo de Jesús, y cuando la cortina del templo se rasga cuando muere. En ambos casos una voz declara que Jesús es el Hijo de Dios. Creo que el comentario está en lo cierto al decir que Marcos hizo esto de manera deliberada, pero no lo hubiera notado yo mismo. Sin embargo, habiéndolo aprendido del comentario, pensé que era lo suficientemente importante como para incluirlo en mi sermón, ya que sirve para resaltar lo que Marcos quiere que veamos: que Jesús, el Jesús crucificado, era y es el verdadero Hijo de Dios.

6. Todo se ha cumplido (Jn 19.28-37)

Si hubiera planeado una serie de sermones a partir del relato de Juan sobre la crucifixión de Jesús, creo que habría dividido el pasaje en dos sermones. Hay suficiente en los versículos 28 al 30 para un sermón. Pero me dieron todo el pasaje desde el versículo 28 al 37, ¡así que hice lo que pude para incluir todo!

a) Dos puntos de vista

Mientras leía el texto a fondo, me llamó la atención la nota personal del versículo 35: «El que lo vio ha dado testimonio de ello…». Estas son las palabras de un testigo que en realidad estaba al pie de la cruz, el propio Juan. Él vio todo lo que sucedió. Así que está describiendo el evento desde su propio punto de vista, y nos cuenta cómo una acción en particular, después de la muerte de Jesús, le trajo a la memoria dos Escrituras.

Pero luego, mientras leía los versículos 28-30, parece que Juan nos está diciendo lo que estaba en la mente del propio Jesús. Tal como menciono en mi sermón, sólo podemos suponer que Jesús le contó esto a Juan después de la resurrección. Y una vez más, fueron las Escrituras las que llenaron la mente y las intenciones de Jesús en los momentos antes de su muerte.

Así que, al observar estas distintas perspectivas (lo que Jesús estaba pensando, en 19.28-30; y lo que Juan vio y recordó, en 19.31-37) decidí enmarcar mi sermón en torno a estos dos «ángulos». Como ya mencioné, a veces es útil imaginar una narrativa bíblica como si fuera una película. Lo que uno ve en una película depende del ángulo de la cámara, y ello depende del director. Así que, si el autor de un libro bíblico es como el director de una película, entonces las distintas escenas son como los diferentes ángulos de cámara que él elige. Uno ve todo desde el punto de vista que él director provee.

Así es como el sermón fue tomando su forma. Juan nos presenta la cruz, primero a partir de los pensamientos del propio Jesús, y luego a través de sus propios ojos como testigo de ese momento. Además, enmarcar el sermón de esta manera pareció lograr que el texto cobrara vida (aunque todavía diría que el texto es demasiado largo para un solo sermón, y preferiría dividirlo en dos si tuviera la oportunidad de predicarlo de nuevo).

b) ¿Que estaba pensando Jesús?

Mientras estudiaba los versículos 28-30, escuchando lo que Juan nos dice que Jesús estaba pensando y escuchando lo que Jesús realmente dijo, me sorprendió cuán *cargado de propósito* está el pasaje entero. Juan no está simplemente describiendo una crucifixión y diciéndonos (lo que todo el mundo habría sabido de todos modos) que el hombre que estaban crucificando estaba terriblemente sediento y que le dieron de beber. Tampoco nos está diciendo que Jesús murió simplemente porque sabía que todo había terminado para él —es decir, porque él había llegado a su «fin». No, Juan retrata estos últimos momentos de Jesús en la cruz como un tiempo de intención deliberada y gran logro. ¡Y eso es de verdad sorprendente! ¿Cómo puede un hombre que ha sido clavado en una cruz —un hombre que está muriendo de sed, un hombre que está al borde de la muerte—, pensar en todo esto, como algo que él ha *logrado*? Sin embargo, esto es lo que Juan nos dice, al llevarnos a la mente de Jesús, y al registrar las dos declaraciones de Jesús en la cruz: «tengo sed», y «todo se ha cumplido».

Una gran pista de todo esto se aclara si uno tiene la posibilidad de leer el texto en griego. Claro que esto no es posible para muchos predicadores. Pero incluso en las traducciones, deberíamos ser capaces de sentir la similitud entre las dos frases: «todo había terminado» (19.28) y «todo se ha cumplido» (19.30). En griego es la misma palabra. Y la palabra del medio, «[para] que se cumpliera» (19.28), es muy similar, aunque no exactamente igual. Un buen comentario debería señalar esto.

En algunas iglesias existe la tradición de predicar las siete palabras de Jesús en la cruz durante Semana Santa, o el mismo Viernes Santo. Pero por lo general cada dicho es tratado por separado y aislado de su contexto en el Evangelio donde aparece. Sentí que, al predicar de este pasaje en el libro de Juan, necesitaba ayudar a la gente a ver cómo los dos dichos que Juan registra («estoy sediento» y «todo se ha cumplido») se sitúan dentro de un pasaje en el cual Jesús habla por una razón y un propósito claros. Toda la escena es una escena de realización; Jesús lo sabía y tenía la intención de que así fuera. Así que esas dos declaraciones no eran al azar; fueron pronunciadas con intenciones y logros muy claros.

Así que en mi sermón traté de explicar el contexto de las Escrituras citadas y mostrar cómo y por qué el salmo 22 especialmente (y en su totalidad) estaba formando los pensamientos de Jesús y sus intenciones en ese momento.

c) Expandiendo el significado de la Cruz

Pero sentí que necesitaba ir un poco más lejos. Algo que sucede en muchas iglesias es que se predica la cruz de Cristo en términos muy personales: Jesús murió para cargar con tu pecado y mi pecado sobre sí mismo, para que pudiéramos ser perdonados. Así que, ya sea en una prédica evangelística o en una prédica que estimula y da seguridad a los creyentes, nos enfocamos casi enteramente en la salvación que Dios promete a cada uno de nosotros personalmente y como individuos porque Jesús murió por nosotros. Ahora, por supuesto que todo ello es maravillosamente cierto, ¡y yo lo creo y me regocijo en ello! Y en mi sermón también quise incluir ese aspecto.

Pero aquella idea (salvación para pecadores individuales) no es la suma total de lo que Dios logró por medio de la cruz de Cristo. Cuando Jesús gritó: «todo se ha cumplido» — o, mejor dicho, «Está cumplido»— ¿qué quiso decir? Se refería a que él había logrado todo lo que Dios pretendía para la redención del mundo (incluyendo a toda la creación) del mal, el pecado y la muerte. Sentí que era importante, en mi sermón, ayudar a que la gente entendiera la profundidad de lo que aquellas palabras de Jesús realmente significan.

Así que hice una pequeña lista de textos del Nuevo Testamento que hablan de las diferentes dimensiones de lo que Dios hizo mediante la cruz de Cristo. Cargó con nuestra culpa. Derrotó a los poderes de Satanás. Destruyó el poder de la muerte. Destruyó la enemistad y trajo la paz. Reconcilió a toda la creación con Dios. No me fui por tangentes explicando todos estos versículos uno por uno (eso habría hecho que el sermón fuera terriblemente largo, y se habría alejado demasiado del pasaje del Evangelio de Juan). Simplemente leí cada uno de ellos, señalando que todos aquellos pasajes eran parte del plan de Dios y por lo tanto parte del logro de Cristo. Lo que estaba tratando de hacer en ese momento en el sermón era ampliar la comprensión y apreciación de la gente respecto a lo que Jesús quiso decir al afirmar «todo se ha cumplido». Estoy seguro de que la gente no entendería de inmediato cada uno de los pasajes que mencioné, pero quería que el efecto acumulativo los sorprendiera. Quería que pensaran: «¡Vaya! ¡La cruz es GRANDE!».

Sería posible dar seguimiento a un sermón como este mediante una serie de estudios bíblicos enfocados en cada uno de los pasajes que cité, que hablan de la cruz de diferentes maneras. En el sermón simplemente quería expandir la visión de la gente, y despertar su asombro y curiosidad, esperando que pensaran: «Nunca me di cuenta de que la cruz significaba tantas cosas. Debo pensar sobre ello más profundamente».

d) Enseñando sobre la expiación

Ya que la muerte de Jesús en la cruz es la esencia misma del evangelio y de la fe cristiana, es importante que las personas no tengan ideas equivocadas al respecto. Una forma muy central en la que la Biblia habla de esto es ver a Jesús como nuestro «sustituto». Jesús tomó nuestro lugar. Nuestro pecado merece el juicio de Dios, pero Jesús cargó con la ira de Dios en lugar nuestro. Él cargó con las consecuencias de nuestro pecado, a pesar de que él mismo nunca pecó. Tomó lo que merecemos, para que podamos ser perdonados.

Sin embargo, algunas personas hablan y predican sobre ello de una manera que puede ser fácilmente malentendida. Lo presentan como si Jesús estuviera de alguna manera separado de Dios. Dios debió de habernos castigado, pero en cambio castigó a Jesús, como si Jesús fuera un «tercero», una víctima inocente que fue forzada a sufrir lo que otro merecía. Y hay otros a los que les disgusta hablar de la expiación de este modo, argumentando que hace que Dios parezca un padre cruel que abusa de su propio hijo castigándolo por cosas que no hizo.

Sentí que debía abordar este conflicto de ideas en mi sermón, enfatizando la forma en la que Juan describe el momento de la muerte de Jesús: «Luego inclinó la cabeza y entregó el espíritu». Esto deja claro que Jesús *eligió* morir. A él no solo lo mataron —ya sean los soldados o el Padre. Jesús voluntariamente se entregó para morir por nosotros.

La voluntad de Dios Padre y la voluntad de Dios Hijo estuvieron trabajando plenamente juntas en la cruz. Dios no estaba «castigando a otro en lugar nuestro». Dios estaba cargando con todo el costo y la pena de nuestro pecado *en su propio ser*. Dios tomó todas las terribles consecuencias del pecado y las sufrió él mismo —en la persona de Dios Hijo. O, como dice Pablo: «En Cristo, Dios estaba reconciliando al mundo consigo mismo». Nunca debemos poner división alguna entre el Padre y el Hijo en la obra de nuestra salvación.

Esto es difícil de entender, claro está. Existe bastante misterio, incluso al tratar de entender cómo «el todo de Dios», la Santa Trinidad, estaba involucrada en la expiación de nuestros pecados. Pero la Biblia lo afirma, y deberíamos creerla. Y predicarlo. Por ese motivo pasé un buen tiempo tratando de explicar ese punto y ayudando a las personas a tener una perspectiva más bíblica de la cruz.

e) Explicando las Escrituras

Como dije antes, con gusto habría terminado mi sermón en el versículo 30, pero me dieron el resto del pasaje hasta el versículo 37. Así que, ya que el trabajo de la predicación expositiva es explicar el pasaje bíblico cuidadosamente, necesitaba ayudar a la gente a ver lo que Juan mismo vio, y mostrar cómo eso le trajo a la memoria dos textos bíblicos del Antiguo Testamento.

Juan observó que los soldados romanos no necesitaron romper las piernas de Jesús porque ya estaba muerto, y que uno de ellos perforó a Jesús en un costado, causando un flujo de sangre y agua. Y los pasajes del Antiguo Testamento que Juan recordó son de la historia de la Pascua (no se debía romper ni un hueso del cordero pascual, entonces Juan ve a Jesús muriendo como el verdadero Cordero pascual, salvando a las personas del juicio y de la muerte), y de Zacarías (donde las personas que habían «traspasado» a Dios con su pecado llorarían y se arrepentirían de lo que habían hecho y encontrarían el perdón y la purificación divina). Así que traté de explicar estas citas bíblicas y luego, en mi breve conclusión (¡el sermón había durado ya lo suficiente!), resumí cómo Juan, en su descripción de la muerte de Jesús, nos había llevado a la mente de Jesús (mostrando cómo la cruz fue en realidad el gran logro de Dios), y nos ayudó a ver lo que vio, a través del lente de los textos bíblicos que él citó.

Sociedad Langham

La Sociedad Langham es una comunidad mundial que trabaja con el ánimo de cumplir la visión que Dios le encomendó a su fundador, John Stott, consistente en:

facilitar el crecimiento de la iglesia en madurez y en semejanza a Cristo elevando los niveles de predicación y enseñanza bíblicas.

Nuestra visión es ver que las iglesias en el mundo mayoritario estén equipadas para la misión y creciendo hacia la madurez en Cristo a través del ministerio de sus pastores y líderes, quienes creen, enseñan y viven por la Palabra de Dios.

Nuestra misión es fortalecer el ministerio de la Palabra de Dios:
- ➢ fortaleciendo movimientos nacionales de predicación bíblica;
- ➢ favoreciendo la creación y distribución de literatura evangélica; y
- ➢ elevando el nivel de la educación teológica evangélica, especialmente en países donde las iglesias carecen de recursos.

Nuestro ministerio

Langham Predicación se asocia con líderes nacionales que estimulan movimientos locales de predicación bíblica para pastores y predicadores laicos en el mundo entero. Con el apoyo de un equipo de capacitadores provenientes de diversos países, se desarrolla un programa de seminarios a diversos niveles que proveen capacitación práctica, al cual le sigue un programa que busca formar facilitadores locales. Los grupos locales de predicación (escuelas de expositores) y las redes nacionales y regionales se encargan de dar continuidad a los programas e impulsar su desarrollo ulterior con el fin de construir un movimiento vigoroso comprometido con la exposición bíblica.

Langham Literatura provee a los pastores, seminarios y académicos del mundo mayoritario libros evangélicos y recursos electrónicos mediante becas, descuentos y mecanismos de distribución. El programa también auspicia la producción de literatura evangélica para pastores en diversos idiomas a través de talleres para escritores y editores, respaldo a la tarea literaria, traducciones, fortalecimiento de casas editoriales evangélicas e inversiones en proyectos regionales de literatura, tales como el *Comentario Bíblico Contemporaneo*.

Langham Becas provee apoyo financiero para estudiantes evangélicos a nivel doctoral provenientes del mundo mayoritario, de tal manera que, una vez que regresen a sus países, puedan capacitar a pastores y otros líderes cristianos brindándoles una sólida formación bíblica y teológica. Éste es un programa que equipa a quienes van a equipar a otros. *Langham Becas* trabaja igualmente con seminarios del mundo mayoritario fortaleciendo su educación teológica. Un número creciente de académicos de *Langham Becas* estudia en programas doctorales de alta calidad en reconocidos centros del mundo mayoritario. Además de formar la siguiente generación de pastores, los graduados de *Langham Becas* ejercen una influencia significativa a través de sus escritos y liderazgos.

Para obtener más información sobre la *Sociedad Langham* y el trabajo que desarrollamos visítenos en www.langham.org.

www.ingramcontent.com/pod-product-compliance
Lightning Source LLC
LaVergne TN
LVHW010540200726
843506LV00013B/2899